KB061278

꿈이 나에게 건네는 말

。 내가 왜 힘든지 모를 때
마음이 비춰주는 거울

꿈이 나에게

건네는 말

고혜경 지음

위즈덤하우스

당신이 가장 두려워하는 것을 찾아라.
진정한 성장은 그 순간부터 시작된다.

_칼 융

꿈과 친해지는 것은
나를 만나는 일이다

노년을 바라보는 나이가 되자 길을 묻고 찾는 젊은이들에게 하고 싶은 이야기가 생긴다. 나 또한 젊은 시절 많이도 헤매었기에 그러다 만난 길이기에 그 소중함을 잘 알아서 들려주고 싶은 이야기다.

25년 전이다. 유학 가서 꿈 수업을 만났다. 그날의 당혹감과 놀라움을 잊을 수가 없다. 뭘 찾는지도 모른 채 늘 갈증에 허덕이며 지쳐가고 있을 때였다. 그제야 오랫동안 헤매고 찾던 것이 나를 찾는 길이었다는 사실을 알았다. 길은 너무도 가까이에 있었다. 내 안에 있는 줄도 모른 채 멀리로 돌아서 왔다. 허탈하면서도 반가웠다. 나는 나를 몰랐고 내가 무엇을 찾는지도 몰랐다. 꿈이 알려주었다.

처음 꿈작업을 했던 나의 꿈이다.

노란 택시가 비포장 산동네 길을 마구 거칠게 달린다. 갈 길이 멀지만 운전이 너무 난폭해서 내려달라고 했다. 내리는 나를 지켜보는 내가 있는데, 푸르뎅뎅한 한복을 입은 우울한 여자가 택시 뒷문을 열고 내린다.

나는 열심히 산다고 살았는데 진짜 내 모습은 전통에 갇힌 우울한 여자였다. 도대체 어쩌다 이 모양이 되었지? 나는 그동안 남들이 원하는 대로 정해진 길을 따라 살았다. 학교와 사회와 부모가 모범적인 길이라고 말하는 대로 우아하고 고상하게 살려고 애썼다. 그런데 내 영혼은 우울로 말라죽어가고 있었다. 열심히 외부에 맞춰 살다 보니 내 안에서 하는 말은 무시하고 살았던 것이다. 노란 택시의 난폭한 운전사는 바로 나였다. 내 내면의 깊은 소리를 방치하고 살았으니 그 결과는 우울로 이어졌다. 안이 어디인지, 내면의 소리를 듣는다는 게 뭔지 전혀 몰랐다.

'눈을 안으로 돌려라', '답은 네 안에 있다'라고들 쉽게 말한다. 그러나 젊은 시절 나는 어떻게 내 안을 들여다볼 수 있는지 막연했다. 아무도 그 방법을 가르쳐주지 않았다. 그때 꿈 수업을 통해 깨달음을 얻었다. 꿈은 내 모습을 정확하게 비춰주는 거울이다. 보이지도 잡히지도 않는 마음을 꿈이 보여주는 것이다. 꿈은 우리 안의 부인할 수 없는 양면성을 드러내 보여준다.

내 안에는 부족하거나 구린 것도 있지만 꽤 멋진 구석도 있다는 것을 이제 안다. 더는 사람들에게 고상한 척, 괜찮은 척하느라 에너지를 낭비하지 않아도 되고, 착하지도 우아하지도 않은 나를 너그럽게 봐줄 여유도 생겼다. 나에 대한 기만 대신 수용을 배우면서 삶이 자연스럽고 편안하다.

안으로 뛰어들지 않고 세상을 향하는 길은 없다
—

나는 밤마다 꿈을 적는다. 꿈 말을 경청해온 지 몇십 년이 되니 이제 습관이 되었다. 이 세계는 알수록 흥미롭다. 이제 꿈 세계에 한 발, 잠에서 깨어나 움직이는 낮 세계에 한 발, 내가 발 딛고 서 있는 세상은 둘이다. 두 세계가 다 나에게는 굳건한 실체다.

칼 융이 치열하게 자신의 내면을 탐색하고 모두에게 남긴 말이 있다. "안으로 뛰어들지 않고 세상을 향하는 길은 없다." 이와 달리 우리는 다 거꾸로 배운다. 안이 아닌 밖을 보며 사니 비교를 하고 내 결핍이나 상처는 돌보지도 않아 나의 진정한 갈망을 모른다. 그러니 더 갈급해지고 숱하게 헤매는데 이런 사람을 유혹하는 소리는 도처에 널려 있다. 길을 찾는 젊은이들에게 눈을 안으로 돌려서 내 안의 목소리를 들어 삶의 방향성을 잡으라는 말을 꼭 해주고 싶다. 그리고 내 안의 목소리를 듣는 쉽고 안전한 길이 바로 꿈이다.

젊은이들을 비롯해 많은 사람들이 꿈을 만났으면 좋겠다. 꿈은 정말 심오하다. 꿈 말에 귀 기울이다 보면 내가 어떤 사람인지, 왜 지금 힘이 드는지, 어디로 나아가야 하는지 등 내 마음의 지도가 그려진다.

이 책에 귀한 꿈들을 모았다. MBC 라디오, 〈세상을 여는 아침〉 '어젯밤 꿈 이야기' 코너를 통해 받은 청취자들의 꿈 이야기들이다. 꿈꾼 이에 대한 정보가 거의 없다시피 하여 기본적으로 '내가 꾼 꿈이라면'이라고 상상해본 결과물이어서 전부 나의 투사이고 나의 고백이다. 꿈을 보내주신 분들, 꿈 이야기를 관심 있게 들어주신 분들, 이 코너를 만들어주신 분들 모두에게 감사드린다. 각자의 꿈이 어떻게 우리들의 꿈이 되는지, 또 꿈 세계가 얼마나 흥미로운지 그 맛을 느껴보는 계기가 되었으면 한다. 그리고 꿈 친구들이 많이 늘어나기를 꿈꾼다.

마지막으로 꿈 말을 따라 사는 삶이 얼마나 아름답고 경이로운지 온몸으로 보여주신 나의 꿈 스승, 제레미 테일러 (1943~2018) 선생님께 이 책을 헌정한다.

차
례

꿈과의 대화
–나의 무의식 속으로

인류 초창기부터 '매일 꾸는 꿈에는 어떤 중요한 의미가 있을 거야'라는 직관이 존재해왔다. 선조들은 이 직관을 '꿈은 신이 보내는 메시지야' 아니면 '꿈을 통해 신을 만나고 신탁을 들을 수 있어'라는 식으로 표현했다. 여기에는 꿈속에 소중한 메시지가 들어 있다는 통찰과 함께 그 메시지는 나보다 훨씬 더 크고 신비한 어떤 힘이나 지성으로부터 온다는 믿음이 드러난다. 선조들에게 꿈은 '신과의 대화'가 이루어지는 신성한 무엇이었다. 꿈을 함부로 취급하지 않은 것은 물론, 꿈을 해석하는 능력이 있는 사람들도 특별히 존중했다는 기록을 세계의 종교 경전들에서 쉽게 찾아볼 수 있다. 심지어 '인류의 가장 오래된 경전은 꿈에 관한 것'이라고 말하기도 한다. 경전에는 비전, 꿈, 환상이라는 서로 간의 경계가 모호한 이미지 신탁들로 가득하기에 이는 과장된 표현이 아니다.

우리 선조들에게도 꿈은 특별했다. 꿈 풀이는 이 땅과 함께한 오랜 전통이다. 앞날을 예측해서 나라의 변고를 막았다거나 꿈에 위대한 영웅의 탄생을 미리 점지했다는 기록이 즐비하다. 이는 역사에 뚜렷한 족적이나 이름을 남긴 사람들의 전유물이 아니었다. 누구도 꿈을 예사로 생각하지 않았기에 꿈에 관한 집단지식이 축적된 결실이 바로 꿈 풀이였다. 꿈을 실제 삶의 가이드라인으로 사용한 선조들의 경험적 산물이 바로 '해몽'이었다.

그런데 요즘은 어떨까? 현대인에게 꿈은 황당하고 의미 없고 중요하지 않다. 오죽하면 '개꿈'이라는 말이 만들어졌을까? 꿈을 어떻게 표현하는지를 보면 우리의 태도가 드러난다. '나는 꿈을 꾸지 않아', '꿈은 중요하지 않아', '꿈에 시간 낭비하지 마' 심지어 꿈꾸는 시간이 아까워, 꿈을 꾸지 않도록 신에게 기도한다는 사람까지 만난 적이 있다. 물질과 이성을 숭상하고 효율과 진보를 향해 매진하는, 이른바 의식의 힘을 맹신하는 문화권이라 가능한 표현들이다. 결론적으로 이 시대를 사는 우리는 꿈 말을 망각했다. 꿈의 대화는 사라졌고, 꿈 말을 모르니 꿈은 쇠귀에 경 읽기처럼 무의미한 것으로 전락했다.

물질주의, 이성 중심, 경험론, 계몽주의를 향해 움직여왔던 거대한 의식의 진화사가 빚어낸 결과물이다. 아울러 개인이 신을 만나는 경로를 차단하는 것이 유리했던 제도권 종교들도 한

몫했을 것이다. 그렇게 흘러갈 것만 같던 분위기에서 다시 꿈의 중요성을 인식하고 진정한 가치와 의미를 탐구하는 학문이 탄생했다. 의식적으로 거머쥘 수 있는 그 너머의 세계, 즉 무의식의 탐색에 초점을 맞추는 심층심리학Depth Psychology이다.

산업혁명, 계몽주의, 데카르트 철학이 주류이던 20세기 초에 임상을 통해 표층 아래에 작동하는 무의식을 입증해낸 학자들이 등장했다. 미지의 정신 영역인 무의식을 학문적으로 연구한 선각자들이 지그문트 프로이트와 칼 융이다. 이들은 인간의 사고와 판단과 행동은 내가 알지 못하는 의식 너머의 힘 그리고 개인의 경험을 넘어선 차원의 정신에 끝없이 영향을 받는다는 사실을 임상을 통해 입증해냈다. 인간은 더 이상 '나는 생각한다. 고로 나는 존재한다'로 설명할 수만은 없게 되었다. 이성에 영향을 받지만 이성을 넘어서는 심적 영향, 즉 감정 정서 이미지에 좌지우지되는 것이 인간이다. 이 비이성적 힘을 연구한 프로이트와 융은 우리에게 인간 이해의 폭을 확장시켜주었다. 이들의 발견은 100여 년이 지난 지금에 와서 그 가치를 더욱 인정받고 있지만 여전히 대다수 현대인에게 무의식은 모호하고 편치 않은 말이다.

꿈 말을 잃어버린 현대인

—

꿈이 무슨 뜻일까? 왜 이렇게 수수께끼 같을까? 누구나 궁금해한다. 동시에 황당하고 의미 없고 중요하지 않다는 생각도 공존한다. 단언컨대 꿈이 개꿈 같고 말이 안 되는 것처럼 느껴지는 이유는 꿈이 모호해서가 아니라 우리가 꿈 말을 망각했기 때문이다. 꿈은 아직 코드를 발견하기 이전에 맞닥뜨린 상형문자나 난생처음 들어보는 외국어를 마주한 것과 같다. 꿈의 입장에서 '개꿈'은 굉장히 억울한 표현이다. 또 꿈과 소통이 안 되는 것은 꿈 탓이 아니다.

우리에게 꿈 말은 왜 이렇게 어렵게 다가올까? 먼저 꿈은 이미지 언어를 사용하기 때문이다. '태초에 말씀이 있었다'에 익숙한 우리인지라, '태초에 이미지가 있었다'에 속하는 꿈 말은 낯설 수밖에 없다. 꿈에 대한 공부를 한 지 25년이 넘어가는 입장에서 나는 꿈이 결코 모호하거나 비논리적인 것이 아니라 정확한 논리와 문법을 갖고 있다는 걸 점점 더 알게 됐다. 꿈과 신화는 같은 공식, 같은 문법을 사용하기에 소위 신화 코드를 알면 꿈 말로 소통할 수 있고 꿈 말을 익히려면 신화 공부를 하면 도움이 된다. 그래서 꿈을 개인의 신화, 신화를 집단의 꿈이라고 표현하기도 한다.

꿈은 한 치의 오차도 없이 정확하다. 꿈은 영혼의 거울이라 했다. 《백설공주》에 나오는 거울처럼 절대 거짓을 말하지 않는다. 내면의 진실을 그대로 비추어준다. 내가 생각하는 나의 상황과 꿈이 보여주는 나의 상황이 다를 때 나는 꿈 말을 더 신뢰한다. 특히 삶에 주요한 판단이나 결정의 순간이 오면 꿈에 물어본다.

꿈이 정확하고 꿈을 더 신뢰한다고 해서 꿈의 해석, 해몽을 정확하게 한다는 뜻은 아니다. 꿈은 화수분처럼 끝없이 바닥이 드러나지 않는다. 꿈은 겹겹의 의미로 가득하여 우리를 풍성한 해석으로 이끈다. 꿈은 해석이나 해몽으로 종결되는 성질이 아니다. 좋은 해석이란 더 깊고 더 풍요롭고 더 복잡하고 더 역설적으로 나아가도록 꿈을 본래 크기로 키워가는 것이다. 마치 뛰어난 한 편의 시처럼, 읽을수록 새롭고 깊어지고 영감을 받아 맛깔스러움을 누리는 것이다. 꿈 말에 귀 기울이는 것은 정답을 찾는 것이 아니라 생각지도 못한 다양함으로 풍요로워지는 것이다.

이 꿈은 이런 뜻이라고 단정 짓는 것은 지양해야 하는 태도다. 단언과 확신은 위험하다. 예를 들어, 꿈에 고래가 나왔다고 하자. 내 꿈의 고래는 세상에 유일한 고래이지 일반적인 고래가 아니다. 꿈사전을 찾아 이해를 꾀하면 내 고래의 고유함을 잃어버린다. 이럴 땐 오히려 이미지를 구체화하는 질문이 도움이 된다. 예를 들어 고래의 크기는? 종류는? 색깔은? 특이한 흉터가 있는지? 건강 상태는? 고래가 사는 환경은? 수족관이나 동물원인지? 바다인지? 혼자인지, 친구나 가족과 함께인지? 나와 같이 헤엄을 치는지? 바라만 보는지? 느낌은? 이렇게 질문을 하다 보면 내 꿈에 등장한 고래가 살아나고 더 생생해진다. 내 안에 살아난 고래가 '아~' 하는 통찰을 줄지도 모른다. 이런 과정을 통해 꿈과 친해질 수 있다. 꿈은 존재의 근원에서 밤마다 시도해오는 친절한 말 걸기다. 꿈 말을 경청하다 보면 꿈의 상징들이 신비로운 내면의 심장으로 향하는 길을 열어줄 것이다.

심층심리학자들의 꿈 말 이해
—

꿈의 가치를 새롭게 인식하고 꿈을 과학적·학문적으로 탐색한 심층심리학자들이 이해한 꿈 말을 살펴보자. 이 분야의 선구자인 프로이트와 융은 둘 다 꿈은 겉으로 드러나는 그 모습 그대로의 의미가 아니라는 점에 동의한다. 흔히들 꿈은 반대라고 말하는데 이는 꿈을 사실적으로 있는 그대로 받아들여서는 안 된다는 점을 단순하게 표현한 것이 아닐까. 그런데 꿈을 이해하는 데 초석을 닦은 이 두 학자의 꿈 말 이해에는 뚜렷한 차이가 있다.

프로이트는 꿈을 비유나 우화로 보았다. 꿈에는 드러난 층위와 그 안에 숨겨진 층위가 있는데 이를 '외현manifest'과 '잠재

latent'로 표현했다. 따라서 드러난 내용, 즉 외현을 잠재로 번역하는 과정이 필요한데 이를 '꿈작업Dreamwork'이라 명명했다. 간단한 예를 들어보면 꿈에 늑대가 등장한 경우 그 늑대는 말 그대로 늑대가 아니라 폭군이나 폭력적 아버지를 의미한다는 식이다.

반면 융은 꿈을 외현이나 잠재라는 분리 체계로 보지 않는다. 융에게 꿈은 은유와 상징으로 구성된다. 그 자체로 최상의 표현이라 해석적 번역의 대상이 아니라고 보았다. 융은 식물이 꽃을 피우듯이 인간 정신은 상징을 만들어내는데, 꿈이 바로 정신의 이런 메커니즘이 작동하는 증거라 했다. 정신은 끝없이 상징을 만들어내고 상징은 무의식의 깊이로 다리를 놓고 영혼의 깊이로 이어준다. 융연구소에서 수학한 심리학자 로버트 존슨은 분리되고 파편화된 내면세계에 다리를 놓아 이어주는 이 상징의 치유력을 인간에 내재된 신성한 힘이라 표현했다. 따라서 상징이란 단순한 비유를 넘어 상대적으로 알려지지 않은 것에 대한 최선의 표현으로 의미들을 내포한 상태다.

이 내포한 의미들을 통찰하는 방법이 연상과 확충이다. 연상은 꿈 이미지를 과거에 경험했던 유사한 사건이나 환경과 연관을 지어가는 방식이다. 꿈에 등장하는 사건, 분위기, 등장인물, 장소, 느낌 등 모든 요소에 대해 연상이 가능하다. 연상 과정을 통해 꿈이 확장된다. 꿈에는 켜켜이 무의식의 층위가 쌓여 있는데 연상 과정은 개인의 무의식을 드러내는 작업이다. 연상을 꿈작업의 꽃이라고도 한다. 결국 꿈 말에 깊이 다가가는 비결은 상상력이다.

확충은 하나의 상징에 머물러 본질적인 특성이나 핵심에 도달하는 방식이다. 쉽게 말해 내 꿈이 펼쳐내는 드라마와 고대의 신화나 민담과의 연결성을 찾는 것이다. 꿈은 원형적 드라마가 나만의 고유한 버전으로 재현되는 양식이라는 것이다. 때로는 꽤 선명하게, 때로는 덜 명확하지만, 원형적 차원으로 꿈의 깊이가 심화될 때 내가 직면한 사건을 객관화할 수 있을 뿐 아니라 심오한 통찰을 얻게 된다. 이 과정을 통해 집단무의식의 층위를 만나게 된다.

꿈에 대한 프로이트와 융의 관점 차이는, 둘이 그려낸 무의식의 지도가 다르다는 걸 고려하면 놀랄 일은 아니다. 누구의 주장이 옳다, 그르다는 판단보다는 어느 관점이 나에게 더 도움이 되느냐가 중요하다. 둘 다 꿈 말을 경청하고 무의식의 세계까지 탐색할 수 있도록 길을 열어주었다. 꿈을 통해 무의식을 경청하고 그 에너지를 존중하는 태도를 기르는 것만으로도 삶은 놀랍게 변화한다. 나와 타인과 삶을 이해하는 폭이 무의식의 차원까지 확대될 뿐만 아니라 그 세계만이 보여주는 진실과 깊이를 알게 되기 때문이다.

여기서 강조하고 싶은 것이 있다. 혼자서 자기 꿈을 해석하려고 시도하지 않았으면 한다. 이따금씩 "나는 내 꿈을 어느 정도 이해해"라고 말하는 사람을 만난다. 이는 대단히 위험한 말이다. 꿈은 무의식의 표현이다. 무의식의 내용을 의식으로 올려주려는 게 꿈인데, 무의식은 한마디로 알 수 없는 영역이다. 혼자서 꿈을 이해하려는 시도는 내가 아는 범위 안에서 쳇바퀴 돌듯 살펴볼 가능성이 크다. 꿈은 내 앎의 끝, 즉 내 의식의 한계를 뛰어넘는 훨씬 크고 심오한 내용이다. 내 의식이라는 컴퓨터 용량이 2MB라 할 때, 내가 2GB의 내용을 이해하려 든다면, 전혀 모르는 알고리즘을 내 방식으로 풀려는 노력이어서 꿈을 오해할 수밖에 없다. '아 이런 꿈이구나!' 하는 순간 다음과 같은 질문으로 바꾸어보자. '꿈이 내가 모르는 무엇을 이야기하려고 하지?'

의식의 끝자락에서 그 너머 세계가 투사된 상태가 꿈이다. 꿈을 기억한다는 말은 오래 음미할 수수께끼를 만난 단계라는 뜻이다. 그러니 서둘러 파악하거나 금방 답을 찾아서는 안 된다.

칼 융은 BBC 방송과 한 마지막 인터뷰에서 다음과 같은 말을 했다. "선생님은 좋으시겠어요. 아침에 일어나면 내 꿈이 무슨 뜻인지 환히 알아차릴 수 있으니." 융은 안경 너머 호기심 가득한 조그만 눈으로 미소를 지으며 말했다. "당신의 꿈에 대해 아무것도 모르는군요. 나도 내 꿈에 대해서는 아무것도 몰라요." 세계 최고의 대가조차 그러하다. 꿈의 속성이 그렇다는 말이다.

실질적으로 꿈으로 자기 탐색을 깊이 하고자 한다면 전문가를 찾는 방법이 있다. 모두가 한번쯤 해보면 좋겠지만 현실적으로 이 혜택을 받는 사람은 제한되어 있다. 전문가도 소수이고, 비용도 만만찮다. 무엇보다 세상에서 자신을 들여다보는 게 가장 어려운 일이어서 용기와 인내, 성실함이 필요한데 이런 준비가 된 사람이 얼마나 될까?

혼자서 꿈을 다루고 싶다면 예술 작업을 추천한다. 꿈을 그림으로 표현하거나 꿈 내용을 기반으로 시를 쓰거나 춤으로 표현하는 것이다. 함께하는 사람이 있으면 꿈을 연극으로 표현하는 방법도 있다. 나의 꿈 선생님은 꿈을 만화로 그렸다. 이 모든 방식이 꿈 에너지를 존중하고 활성화하는 길이다. 예술로 표현하는 과정에서 꿈 자체가 어떤 통찰을 제공할 때가 많다. 혼자 꿈을 파악하려고 애쓰기보다 꿈이 나에게 알려주도록 겸허하게 기다리는 것이 바른 태도다.

또 다른 방법으로 그룹 투사 꿈작업Group Projective Dreamwork이 있다. 신학 박사 제레미 테일러가 1960년대 말에 창안한 방식으로 전문가의 도움 없이도 꿈에 관심이 있는 누구나 꿈을 탐색할 수 있는 방법이다. 현재 처음 태동한 미국을 비롯하여 세계의 다양한 지역에서 그룹 투사 꿈작업이 활발하게 진행되고 있다. 우리나라에서도 여러 지역에서 이뤄지고 있다. 부록에서 자세한 내용을 살펴보자.

진짜 나를 만나는 시간

꿈이 건네는 말

○

1
장

새 옷을 사다

저는 1년에 한두 번 옷을 살까 말까 합니다. 직장에서 입는 근무복이 따로 있어서 그리 많은 옷이 필요하지 않거든요. 옷을 사러 가도 제 옷보다는 남편이나 아이 옷을 주로 사게 됩니다. 이상하게도 어젯밤 꿈속에서는 제 옷을 일고여덟 벌을 샀어요. 하지만 사기 바쁘게 다음 날 환불을 하더군요. 왜 이런 꿈을 꿀까요?

꿈을 기록하고 제목을 다는 습관은 매우 중요합니다. 기본적으로 꿈꾼 이가 이 꿈을 어떤 시각에서 보는지가 제목에서 드러나거든요. 그런데 제목을 '새 옷을 사다'라고 붙였어요. 저라면 '새 옷 사고 다음 날 환불하다'라고 달았을 것 같아요. 두 제목의 뉘앙스는 많이 다릅니다. 전자는 옷을 잘 사지 않는데 꿈에서 '옷을 여러 벌 샀다'에 초점을 맞추고 있어요. 후자는 옷을 사기는 했지만 다시 환불했다는 점에 초점이 맞춰져 있어요. 전자는 신나는 감정이 강조되고 후자는 아쉽다는 감정이 부각돼요. 저는 꿈 이야기를 듣고 언제나 옷을 사러 가면 남편 옷, 아이들 옷만 사서 돌아온다는 부분을 듣고 많이 안타까웠거든요.

왜 이런 꿈을 꾸었을까요? 이 꿈이 왜 인상적으로 기억에 남았을까를 질문해보면 꿈에서 하는 행동과 평상시 하는 행동이 다르다는 점이 보여요. 현실과 달리 새로운 방식으로 시작된다는 것은 의식의 확장과 연관이 있습니다. 꿈에서 현실에서와 다르게 행동한다면 그 '다름'에 주목할 필요가 있습니다. 이 차이에 대해 곰곰이 생각해보세요.

나를 먼저 돌보고, 나를 위해 쇼핑하는 행동을 통해 드디어 우선순위에서 밀리던 나를 챙기기 시작했다는 것을 알 수 있어요. 많은 엄마들이 가족을 먼저 챙기면서 자신은 항상 뒷전일 때가 많아요. 그런데 자신의 욕구를 너무 쉽게 희생하는 건 아닌지 질문하는 용기를 가져보세요. 꿈은 때로 무엇이 잘못되었는지를 알려줍니다. 내 감정이나 욕구에 충실해야 나 자신이 행복하고 나아가 주변도 행복해집니다. 자신의 욕구를 자꾸 무시하게 되면 점차 자신이 무엇을 원하는지 모르는 상태가 됩니다. 행복하거나 감사하며 살지 못하는 지름길이지요.

왜 옷을 일고여덟 벌이나 샀을까요? 꽤 여러 벌의 옷을 구입했는데, 욕구를 억누르다 보면 어느 순간 폭발하는 법입니다. 그러니 후회하고 환불할 수밖에 없는 거죠. 나를 챙기는 태도는 살아가는 방식이나 삶의 색채도 바꿀 겁니다.

지네에 물린 언니

꿈을 꾸다가 찝찝해서 깼어요. 언니랑 같이 있었는데 갑자기 지네가 나타났어요. 도망가라고, 피하라고 외쳤지만 언니가 지네에 물려버렸어요. 제가 너무 놀라서 어쩔 줄 몰라 하며 다시 도망가라고 외쳤는데 언니가 또다시 물렸어요. 지네한테 두 번 물린 언니에게 제가 뭐라고 말하다가 잠에서 깼어요. 왜 이렇게 기분이 찝찝한 걸까요?

자매 사이란 참 묘합니다. 성장하면서 가장 가깝고 많은 시간을 보내 닮은 점이 많지만 한편으로 참 다른 게 자매지간입니다. 사이가 좋든 나쁘든 그 관계가 결코 단순하지 않아요. 언니와 나의 스타일 차이가 분명히 있어요.

꿈작업 법칙 중 하나는, 내 안에 없는 것은 내 꿈에 등장하지 않는다는 점입니다. 기본적으로 꿈에 등장하는 모든 사람이나 사물, 동물이 내 안에 있는 다양한 면모라는 점을 기억하세요. 언니와 나, 그리고 지네가 나의 어떤 면을 보여주는지 질문해보세요. 이것이 꿈을 통해 나를 알고자 하는 사람의 기본 시각입니다. 꿈에 등장하는 모든 것이 나를 아는 실마리가 됩니다.

이 꿈에서 언니와 내가 있는 방에 지네가 등장해요. 지네의 등장으로 모든 게 달라져요. 고요하던 방이 혼란에 휩싸입니다. 이럴 때 표면 아래에 침잠해 있었던 것들이 부각되죠. 무엇보다 눈에 띄는 것은 이 상황에서 언니와 내가 보이는 대조적인 반응입니다.

지네를 발견한 나는 언니에게 도망치라고 다급하게 소리칩니다. 반면 언니는 대단히 수동적인 사람인지 동작이 굼떠요. 세상만사 귀찮은 사람일까요? 아니면 과하게 침착한 사람일까요? 아무튼 한 사람은 크게 동요하지만 다른 한 사람은 무감각해요. 대비효과라고 하죠. 선명한 대조가 서로를 더욱 두드러지게 합니다.

그런데 한 가지 드는 의문은, 지네가 언니를 위협하는데 나는 왜 흥분한 채 말만 할까요? 언니가 한 차례 지네에 물리고 나서도 마찬가지예요. 지네를 잡아서 멀리 던지지는 못하더라도 언니가 얼마나 아픈지, 응급조치가 필요한지, 병원에 가야 하는지, 빠른 판단과 행동이 필요한 순간이지만 아무런 행동이 따르지 않습니다.

한편 언니도 한 차례 물렸음에도 옴짝달싹 하지 않아요. 마치 '지네에게 물려도 상관없어'라고 하는 듯합니다. 어쩌면 지네가 언니를 방문한 이유가 아닐까요? 언니에게 필요한 자극을 주어 깨어나게 하려고 일부러 방문한 게 아닐까요? 지네는 분명 자극을 주고 있습니다. 한 번으로 충분하지 않아 두 번 물었습니다. 그런데 왜 하필 지네일까요? 지네는 독을 지니고 있지만 약으로도 쓰입니다. 영어로 'centipede'인데 문자 그대로 발이 100개라는 뜻이에요. 마디마다 발이 있죠. 실제 100개까지는 안 되는 지네도 있고 훨씬 넘는 지네도 있다고 해요. 발이 이렇게 많은 동물이 무감한 언니에게 침을 놓듯이 자극을 주고 또 지네의 특질을 주입합니다. 이는 무엇보다 두 발로 땅을 딛고 일어서게 하는 역할을 한다고 봅니다.

옛이야기에도 지네가 자주 등장합니다. 지네 처녀, 천년 묵은 지네……. 지네가 선조들의 상상력을 자극한 이유는 땅 속이나 어둠 속에 살고, 야행성이라는 특징 때문이라고 생각됩니다. 옛이야기 속에 나오는 지네는 위협적이기도 하지만 인간이 가질 수 없는 무한한 힘과 능력의 소유자입니다. 상상을 초월하는 복을 주기도 하고 엄청난 파괴의 힘도 지닌 존재입니다. 우리 상상 속의 지네는 이런 비범한 힘이나 요술의 소유자입니다.

꿈속에서 접촉이 일어나거나 물거나 하면 그 순간 에너지 교류가 일어납니다. 나의 과장된 반응이나 언니로 표현되는 지나친 무심함은 나의 양면성을 잘 보여주는 것 같습니다. 꿈은 종종 우리 안의 부인할 수 없는 양면성을 드러내 보여줍니다. 두 모습 다 현실에 발을 딛고 안정감 있게 살아가지 못하고 있어 지네가 자발적으로 찾아와 물어준 것 같아요. 과하게 반응하느라 에너지를 다 써버려 결국 아무것도 하지 않는 본인이나 지나치게 고단해서 만사 무감각한 언니, 둘 다 위험 상황에 적절하게 대응하지 못하고 있어요. 상황에 맞게 대처하지 않으니 자신의 삶을 제대로 살 수가 없습니다. 이때 발이 많아 온몸을 땅에 붙이고 부지런히 사는 지네가 적절한 이미지로 등장한 게 아닐까요. 지네가 물어 지네의 힘을 지금의 내 삶으로 가져오니 꿈속에서 지네는 독이 아니라 가장 필요한 약으로 보입니다. 딱 필요한 순간에 지네가 찾아오는 꿈입니다. 꿈꾼 이는 얼마나 놀라운 사람이고 그 내면은 또 얼마나 신기한가요. 꿈과 친해지면 자기 내면의 놀라운 자신을 발견할 수 있습니다.

전지전능한 엄마

어젯밤 학창 시절 다니던 영어학원이 꿈에 나왔어요. 영어학원을 다니는 저는 숙제도 잘 해가고, 단어도 잘 외우지만 다른 사람들은 그렇지 않아 제가 속한 반에 많이 실망하고 있었습니다. 그런데 수업이 한창 진행 중이던 시간에 TV 화면에서 갑자기 엄마 얼굴이 나타났고, 엄마가 제 고민에 대해 일장 연설하듯 말을 쏟아냈어요. 결국 그 말을 들은 학원 선생님이 반을 옮겨주고 꿈은 끝이 났습니다. 갑자기 왜 학창 시절 다니던 영어학원 꿈을 꾸었을까요?

수학이나 과학이 아닌 영어라는 과목의 특성이, 꿈이 말하고자 하는 이야기와 연관이 있어요. 이 꿈은 삶의 태도에 초점을 맞춰 이야기할 수 있습니다. 나는 단어를 다 외우고 숙제를 잘해 가는데 다른 아이들은 그렇지 않을 때 속상하죠. 어느 곳에서든 성실하지 못한 사람들과 함께 일하는 것은 실망스럽습니다.

이때 구원자가 나타나 모든 상황을 단칼에 정리해버리네요. 여기서 엄마가 등장하는 방식이 인상적입니다. 공상과학 영화에서 전체주의 사회를 다스리는 독재자의 모습을 드러낼 때 연출하는 기법과 유사해요. 직접 접촉이란 있을 수 없죠. 권위를 위해 신비주의 전략을 사용합니다. 담화 내용은 한결같아요. '나는 모든 걸 알고 모든 걸 보고 있어. 너희는 내 손아귀에 있어. 그러니 명령을 따르라.'

엄마가 모든 것을 다 파악하고 있다면 어떻게 해야 할까요? 저라면 무조건 도망치겠어요. 어쩌면 엄마를 이용하고 있는지도 모르겠어요. 자신의 화와 실망, 공격성을 표출해야 할 때마다 엄마에게 부탁하는 겁니다. 손 안 대고 코 푸는 격이죠. 그러나 이런 전략은 오래가지 못합니다. 화날 때 화내고, 싸울 때 싸우고, 웅변할 때 웅변하고, 설득할 때 설득하고, 이 모두가 살아가는 데 필요한 힘이고 기술입니다. 내가 스스로 이런 능력을 키우지 않고 필요할 때마다 엄마를 소환하면 결국 엄마에게서 독립해서 살아갈 수가 없습니다. 반대로 요즘은 학교를 졸업하고 사회생활을 하는데도 자녀 주변을 헬리콥터처럼 맴돌며 사사건건 참견하는 엄마들이 많습니다. 이런 엄마를 '헬리콥터맘'

이라고 일컫는데요. 마찬가지로 자녀에게 나쁜 영향을 미칠 수 있습니다.

만일 학원 선생님께 내 생각과 좌절감을 표현하고 반을 바꾸고 싶다고 말했다면 어땠을까요? 대화로 문제를 해결하는 방법을 배워가겠죠.

꿈꾼 이의 진짜 속마음은 옆의 아이들처럼 자신도 숙제를 안 하고 단어도 외우고 싶지 않았을 거예요. 나한테는 허용이 안 되는 것을 다른 사람은 버젓이 하고 있으니 더욱 속상합니다. 나의 솔직한 마음을 엄마가 통제하기 때문입니다. 모든 것을 엄마 탓으로 돌리고 싶겠지만 실은 나를 지배하는 건 나 자신이에요. 공부를 잘하고 싶은 마음만큼 놀고 싶은 마음도 존중하세요. 이는 학창 시절뿐만 아니라 지금도 중요합니다. 상반되고 모순된 마음까지 존중하고 조율하는 것이 스스로 살아가는 사람의 소양입니다. 그래야 삶이 팍팍하지 않고 부드럽게 잘 돌아갑니다.

첫사랑의 돌변

제 첫사랑이자 첫 남자친구는 고1 때 학원 선생님이었어요. 8 년 정도 만나다가 헤어졌습니다. 헤어지고 다시 본 적도 없고 그분은 결혼해서 잘삽니다. 첫사랑이어서 그런지 꿈에 자주 나타나더라고요. 이른바 '츤데레(쌀쌀맞고 인정이 없어 보이나, 실제로는 따뜻하고 다정한 사람)'처럼 잘해주는 내용이 대부분이 었는데, 어제 꾼 꿈은 전혀 다른 패턴이었어요.

첫사랑의 여자친구도 꿈에 나와 둘이 같이 저를 죽일 듯이 공 격하더라고요. 어떤 건물 같은 곳이었는데 그 둘을 피해 다니 기도 하고, 저도 무기를 들고 같이 공격하기도 하다가 꿈에서 깼습니다.

항상 꿈에서 깨고 나면 추억에 잠기곤 했는데 어제 꾼 꿈은 기 존 꿈들과는 너무나 달라 대체 어떤 의미인지 궁금합니다.

누구에게나 첫사랑은 참 설렙니다. 수십 년이 지나도 빛바래지 않고 가슴 한편에 자리해 이따금씩 살포시 꺼내 곁눈질하기도 하지요. 첫사랑은 쉽게 잊히지도 않고 흐려지지도 않습니다. 그러나 심층심리학적으로 첫사랑을 바라보면 그 설렘과 달뜨는 마음을 훼손할 수도 있는데 머릿속 교통정리에는 도움이 됩니다.

내 꿈에 나오는 모두가 나의 어떤 면일 뿐, 첫사랑이 꿈을 통해 나를 만나러 오는 것은 아닙니다. 첫사랑도 내가 가진 일부 모습이라면 어떤 면을 드러내고 있는 걸까요? 첫사랑에 대한 꿈을 왜 그렇게 자주 꿀까요?

인간은 누구나 심리학적으로 양성입니다. 여성 안에 남성이 있고, 남성 안에 여성이 있습니다. 여성 내면의 남성을 '아니무스', 남성 내면의 여성을 '아니마'라고 합니다. 아니마는 영혼soul, 아니무스는 영spirit을 뜻하는 라틴어입니다. 건강하고 성숙한 여성은 아니무스와 조화로운 관계를 유지하고, 성숙한 남성은 아니마와 긴밀한 관계를 맺습니다.

'내 안에 남성이 있다고? 어떻게 알 수 있어? 어떤 모습이야?' 여성이 이런 물음에 대한 답을 구할 때 맨 먼저 첫사랑에서 힌트를 얻을 수 있습니다. 왜냐하면 내 무의식 안에 있는 내용을 바로 알 길은 없기 때문입니다. 그래서 비슷한 느낌이 나는 사람에게 내 안의 것을 투사합니다. 투사는 자아가 받아들일 수 없는 욕망이나 동기를 타인에게 귀속화하는 것을 가리키는 일종의 방어기제입니다. 상대를 통해 나를 비추어보는데, 이 드라마에 처음 선명하게 등장하는 것이 바로 첫사랑입니다. 시기는 주로 사춘기 시절입니다. 우리 대다수가 '첫사랑'을 평생 가슴에 품지만, 실제 첫사랑 상대에 대해 아는 바는 별로 없는 경우가 태반입니다.

꿈꾼 이는 8년간 연애를 하였으니 한순간 스쳐 지나간 아련함은 아니겠지요. 내가 좋아하는 남자들, 즉 첫사랑, 남편, 아버지를 보면 관통하는 패턴이 있습니다. 아니무스 투사는 평생 다른 대상으로 옮겨 다닙니다.

여기서 꼭 기억해야 할 지점이 있습니다. 첫사랑이든 그다음 사랑이든 불멸의 사랑이든 이 모두가 나의 투사라는 사실입니다. 거울처럼 나를 비추는 것입니다. 이제는 내 안으로 시선을 돌려 그 정체를 파악해보자고 꿈은 말합니다. 이 중대한 과업을 수행하지 않으면 계속 밖으로 투사만 하고 거듭 사랑에 빠지거나 엉뚱한 선망만 할 수 있습니다. 본인은 사랑이라 우기지만 옆에서 보면 주책일 뿐이죠. 타인이 나의 내면을 채워줄 거라고 환상을 갖지만 자기 성장은 누구도 아닌 자신만이 할 수 있습니다.

이런 맥락에서 꿈에 나타난 '돌변한 첫사랑'의 이미지가 반갑게 다가옵니다. 은근히 잘해주는 모습 대신 위협적으로 공격하며 달려듭니다. 이제 나도 달라지지 않으면 안 됩니다. 그는 왜 이렇게 돌변했을까요? 학원 선생님도 결국 나 자신의 모습이라는 걸 인식하지 못하고, 계속 '그때 그 사람'이라고 착각하니 정신 차리라는 신호입니다. 자신에게 시급히 전해야 할 메시지가 있을 때 악몽으로 나타납니다. 꿈은 성장을 거부하는 소녀 취향에서 벗어나라고 촉구합니다. '츤데레'는 꿈꾼 이의 내면에 있는 아니무스인 거죠.

아니무스는 여성에게 빠르게 판단해서 결단을 내리고, 강한 의지로 목표한 바를 달성하고, 의지와 끈기로 끝까지 성취하는 힘입니다. 나아가 더 깊고 무한한 내면세계를 탐색하게 도와주는 길라잡이이기도 합니다.

만일 꿈이 이토록 간절하게 촉구하는 과업을 이루지 못하면 여성은 어떤 모습으로 살아갈까요? 아무 결정도 못 내리고, 10년이 지나도 같은 소리만 되풀이하고, 상황을 정확하게 꿰뚫어 보지 못하고, 불필요한 의존을 하고, 독립적이고 성숙한 힘 있는 여성이 아니라 한마디로 '답답한 여성'으로 살아갑니다.

꿈을 보세요. 돌변한 첫사랑의 모습에 꿈꾼 이도 무기를 듭니다. 도망 다니기도 하지만 이건 큰 변화입니다. 이제 자신의 힘을 증명할 때입니다. 대적해서 친구가 되든 둘 중 하나가 죽든 변화가 일어나는 과정입니다. 이제 첫사랑한테 양도했던 나의 에너지를 도로 가져오라고 꿈이 말합니다. 이렇게 이미 작업이 이루어집니다.

내 안의 아니무스를 만나 일생을 함께하는 여정은 삶의 색채를 완전히 바꿉니다. 첫사랑을 이렇게 오래 기억하는 이유는 아니무스가 지닌 영원성의 자취가 배어 있기 때문일 것입니다. 아니무스가 나를 어떤 세계로 이끌지 기대되지 않나요? 내면의 남성과 특별한 언약을 맺은 여성은 훨씬 힘 있고 자유롭고 아름답습니다.

헤어진 전 애인

올해 마흔네 살 된 두 딸의 아빠입니다. 결혼한 지 9년째 되었고요. 네 식구가 알콩달콩 잘살고 있습니다. 그런데 제목처럼 15년 전에 헤어진 전 애인이 지금까지도 꿈에 나옵니다.

어제 꿈에는 헤어졌던 그 사람이 혼수를 구하고, 저는 그 장면을 옆 건물 2층에서 보고 있었습니다. 그러다 눈이 마주쳐 그 사람이 제가 있는 카페로 들어와 이야기하다가 꿈에서 깼습니다.

그전에는 우연히 길에서 만나 다시 사귀고 몇 번 데이트하다가 마지막에 전철에서 헤어지는 꿈도 꾸었고요.

이런 식으로 두어 달에 한 번씩 비슷한 꿈을 꿉니다. 이런 꿈을 꾸는 날이면 일어나서 왠지 모를 헛헛함이 느껴집니다. 괜스레 아내한테 미안한 마음도 듭니다. 저는 제 아내와 딸들을 많이 사랑합니다. 사실 헤어진 그 친구를 그렇게 그리워하지도 않습니다. 제가 혹시 그 사람을 잊지 못하고 그리워하는 걸까요?

헤어진 지 15년이나 지났고 지금 가족들과 행복하게 잘살고 있는데, 왜 옛 애인이 꿈에 등장하는지 많이 혼란스러울 것 같습니다. 내 꿈에 나오는 모든 사람이 나 자신의 어떤 면모를 보여준다는 사실을 떠올려보세요. 옛 애인도 결국 나의 또 다른 모습입니다. 그런데 왜 자꾸 꿈에 나타날까요? 결론부터 말하자면 아주 중요해서 그렇습니다. 여기에 내가 반드시 알아야 하는 내용이 들어 있습니다.

꿈에 빈번하게 등장하는 이런 여성을 남성의 아니마라고 합니다. 영혼의 이미지를 투사한 인물이지요. 한 남성이 성장할 때, 내면의 여성도 같이 성장합니다. 그렇지 않으면 불균형 상태가 되는데, 이런 남성의 현실 속 모습은 마초 혹은 분위기에 쉽게 사로잡히는 남자, 둘 중 하나입니다. 이른바 마음이 성장하지 않아 균형 잡히지 않은 남자의 전형입니다.

이런 남성은 두 극단의 양상을 보입니다. 하나는 과하게 완고해 유연성이 떨어지고 모호한 것을 잘 받아들이지를 못합니다. 다른 하나는 과하게 감상적이라 이른바 '센치하다'라고 합니다. 종종 이런 남성을 여성성이 발달한 남성으로 착각합니다. 실은 이들의 눈물은 진정성이 결여되어 있습니다. 우울하거나 과하게 들뜨는 상태는 엄밀히 말해 내 것이 아니라 내가 사로잡히는 것입니다. 그러니 진실성도 일관성도 없게 마련입니다.

만일 남성이 내 안의 아니마가 발달했는지 궁금하다면 꿈 거울로 판단하는 게 가장 손쉽고 정확합니다. 꿈에 나오는 여자가 미발달 상태일 때는 남자를 유혹해서 잔인하게 파괴하는 패턴을 보입니다. 옛이야기 중에 구렁이 처녀가 가장 전형적입니다. 산중에 예쁜 여자가 나타나 밥도 해주고 편하게 잠도 재워주더니 어느 순간 구렁이로 변해 나를 잡아먹으려고 하더라. 이런 이야기가 많습니다. 이와 대조적으로 잘 발달한 경우라면 단테의 베아트리체나 도스토옙스키의 소냐처럼 구원의 여성이 됩니다.

꿈에 등장하는 옛 애인의 모습은 후자에 속하는 것 같습니다. 온화합니다. 특히 애인이 혼수를 마련한다는 대목이 눈길을 끕니다. 혼인은 남녀 사이의 준엄한 약속입니다. 내면세계에서 혼인은 절대 풀 수 없어요. 불멸의 연인과 한 약속이기 때문입니다. 나무꾼과 선녀 이야기도, 구렁이 처녀 이야기도 이 언약을 제대로 지키지 못한 사람들의 비극을 다룹니다. 그만큼 쉽지 않다는 뜻입니다. 아직도 우리의 무의식을 자극하기 때문에 이런 이야기가 지금까지 전해지는 것입니다. 인류가 이 과제를 해결하면 이런 이야기가 잊힌다는 것이 이론적 설명입니다. 이 꿈은 지금의 나뿐만 아니라 우리 선조에게도 중요했던 과제를 다룹니다. 아주 중요한 문제이기 때문에 꿈에 자주 나타납니다.

정리해보겠습니다. 이 원형적 드라마의 시작은 꿈에 등장하는 여인을 옛 애인이라 착각하는 데서 비롯됩니다. 이는 아니마 이야기를 하려고 옛 애인의 모습을 꿈이 이용하는 것입니다. 이제 이 여인도 나라는 점을 깨달아야 합니다. 그것도 준엄한 언약을 통해 혼수를 마련하니 곧 혼인하는 꿈도 꾸길 바랍니다.

갑자기 내게 화를 내는 남자

꿈에서 저는 음악학교에 있었습니다. 학생들 연령대는 다양했고, 서로의 관계는 회사 동료 정도인데요. 전 학생 같기도, 교직원 같기도 합니다. 학교에 젊은 남자가 손님으로 와서 커피를 타줬습니다. 자세히 보니 어제도 왔던 사람입니다. 그런데 그 남자가 갑자기 저에게 커피를 뿌립니다. 그 바람에 신고 있던 새 신발이 다 젖었는데, 그것보다 주변 사람들이 저를 쳐다보는 게 너무 창피했습니다. 그 남자에게 "당신 뭐야?"라고 말하는데, 의도치 않게 목소리가 크게 나와버렸어요. 두려운 마음을 감춘 채 그 남자에게 다가갔습니다. 그 남자가 제게 컵을 막 휘두릅니다. 그러다 저를 때리려고 하니 그제야 지켜보던 사람들이 그 남자를 말렸습니다.

그런데 그 남자가 이렇게 소리를 지릅니다. "어제 그 사람, 고상한 척해도 완전 사기꾼이야! 그 남자랑 말도 섞지 마!" 제가 영문을 모르겠는 표정을 짓자 주변 사람이 그 사기꾼에 대해 설명해줬습니다. 저는 여전히 그 사람이 누군지 모르지만, 상황을 끝내기 위해 대충 알겠다고 대답했습니다. 그 남자를 '피해의식이 가득한 정신이상자'라고 생각했어요.

그리고 화장실에 가서 볼일을 보는데, 학생들이 우르르 몰려와서 문을 열려고 하는 거예요. 게다가 화장실 문에 창문이 있어서 밖에서 보일까 봐 불안하고 급한 마음에 서둘러 옷을 입었습니다. 겨우 화장실에서 빠져나왔습니다. 문득 학교에서는 실내 슬리퍼를 신는다는 게 생각났습니다. '왜 오늘은 학교에서 새 신발을 신었을까' 하며 후회했어요.

그러면서 교실로 들어섰는데요. 사람들이 아까 그 남자 일을 신경 쓰는 듯했지만, 내색하지 않으려고 애쓰더라고요. 저도 모른 척하고 사람들과 웃으며 대화를 주고받았습니다.

이 꿈은 제게 무엇을 알려주려는 걸까요?

학교를 배경으로 한 꿈인데, 그것도 음악학교라는 점이 눈에 띕니다. 학교는 배움의 장소입니다. 내가 배워야 할 것을 꿈이 이야기해줄 거예요. 음악학교 하면 가슴의 언어와 관련이 있습니다. 학생들 연령층이 다양한 걸 보면 나이와 상관없이 배워야 하는 교훈을 다루는 듯합니다.

그런데 여기 고약한 남자가 등장합니다. 나는 그를 '피해의식이 가득한 정신이상자'라고 명명합니다. 이렇게 이름을 붙이는 일이 중요합니다. 신화를 보면 바른 이름을 찾는 것이 하나의 중요한 주제입니다. 자신의 이름을 찾는 것이 영웅의 중요한 과제입니다. 그리고 상대의 이름을 알고 그 이름을 부르면 상대가 함부로 힘을 못 쓰기도 합니다. 이름에는 마법이 있습니다. 꿈이든 신화든 '진짜 내 이름'을 찾는 과제가 중요합니다.

'피해의식 가득한 정신이상자'가 내 안에 살면 삶이 어떠할까요? 꿈에서 펼치는 난동은 일상다반사라고 봐야겠죠. 나를 구석으로 몰아넣고 사람들 앞에서 창피를 주고 파괴하려 듭니다. 이 남자 입으로 그래요. "어제 그 사람 완전 사기꾼이야." 이렇게 말하는 그 남자가 어제도 왔으니 둘이 이어져 있지 않을까요. 저는 사기꾼과 정신이상자는 한 사람이거나 아니면 같은 조합이라 생각합니다. 여기서 질문은, 왜 이런 남자를 자신의 내면세계 동거인으로 두었을까요? 그러고 보니 몇 가지 실마리가 보입니다.

남자는 어제 그 남자가 사기꾼이라며 만나지 말라고 소리치는데 꿈꾼 이는 무슨 일인지 알지 못합니다. 주변 사람들이 설명을 해주지만 여전히 어제 그 남자를 잘 모르는 상태에서 상황을 모면하기 위해 알겠다고 둘러댑니다. 당사자임에도 이 상황에서 벗어나는 데만 집중합니다. 이건 꿈꾼 이가 삶을 대하는 태도라고 여겨집니다.

'덮고 넘어가자', '주변 사람의 시선만 신경 쓰자'라는 걸 보니 '피해의식'이 심한 상태라고 생각됩니다. 나의 생존 전략은 타인의 시선을 피하는 데 있습니다. 상처가 깊어 이 아픔을 치유하려면 음악학교가 최선일 것 같습니다.

꿈은 나의 아픔을 이해하는 선에서 그치지 않습니다. 꿈 법칙에 따르면 '피해의식 가득한 정신이상자'는 바로 나입니다. 그렇다면 나는 희대의 사기꾼입니다. 왜일까요? 나를 위해 사는 게 아니라 주변 사람의 눈에 들려고, 사람들에게 괜찮다는 소리를 듣기 위해 살면 나를 속이고 나에게 사기를 치게 됩니다. 인간은 누구나 자기 자신을 위해서 살아야 합니다. '다른 사람의 눈에 들려고, 남들 눈에 벗어나지 않으려고, 다른 이에게 칭찬을 들으려고' 하는 것도 결국 자신을 위해서입니다. 우리는 누구나 손가락질 받거나 따돌림 당하거나 고립되지 않기를 바랍니다. 이런 욕구가 너무 커지면 자기착취와 자기파괴를 하게 됩니다.

타인만 의식하는 것도 나를 위한 노력입니다. 결국 나는 '나를 위해 산다'라거나 '나를 위해 살고 싶다'가 진짜 마음이라는 점을 정확하게 보는 것이 대단히 중요합니다. 그래야 '피해의식 가득한 정신이상자' 대신 진짜 이름을 찾을 수 있습니다.

그러자면 화장실이 중요합니다. 사적이고 은밀하고 더러운 것을 드러내면서도 가장 중요하고 안전한 장소입니다. 그런데 여기에도 타인들이 존재합니다. 학생들이 문으로 들어오고 창문으로는 남들이 들여다볼 수 있어요. 자신을 편하고 안전하게 무엇이든 다 드러낼 수 있어야 합니다. 사기꾼이 얼마나 무서웠는지, 커피를 내게 뿌렸을 때 얼마나 화가 났는지, 나쁜 놈 신발짝을 벗겨서 실컷 때려주고 싶었다든지, 받은 대로 돌려주고 싶었다든지, 나만 사기꾼에 대해 모를 때 얼마나 좌절감이 들었는지, 이런 마음이나 감정을 모두 쏟아낼 수 있다면 화장실은 최고의 성소입니다. 진짜 내 이름을 찾아가는 데 필연적인 장소입니다. 음악 또한 우리에게 이러한 작용을 합니다.

꿈은 내가 이 일들을 잘 다룰 수 있기 때문에 보여주고 기억하게 합니다. 내가 나에게 사기 치지 않으려고 노력하면, 이 남자의 힘은 약해집니다. 나의 진짜 이름은 뭘까요?

어마어마한 불과 똥밭

꿈을 잘 꾸지 않는데 같은 날 꿈을 두 번이나 꿨어요.

차를 타고 집에 가는 길이었는데, 구급차가 내 앞을 지나가더니 멈췄어요. 구급차에서 한 남자가 내려 저에게 어디 가는 길이냐고 물어서 대답했더니 인근에 불이 나서 차량을 통제 중이라고 차를 돌리라고 합니다. 그럼에도 불구경을 하려고 근처에 갔더니 불길이 어마어마했어요.

그리고 한 시간 후에 다시 꿈을 꿨습니다. 제가 공원에 있었는데 갑자기 볼일이 급해 화장실에 갔습니다. 문을 열었더니 알프스 언덕처럼 엄청나게 큰 공원이 나왔고 죄다 똥밭이었어요. 금방이라도 나올 것 같아 똥을 밟고 걸어가는데 재래식 변기가 있고, 그 주변에 돌탑처럼 똥으로 된 탑이 여기저기 있었습니다. 어쩔 수 없이 똥을 쌌는데 옷이며 신발에 죄다 똥이 묻었어요.

불과 대변이 나오는 꿈은 좋다고 하던데, 정확한 해석을 듣고 싶어요.

정확한 해석이라니, 어려운 주문입니다. 사실 꿈을 정확히 해석한다는 것은 불가능합니다. 꿈은 헤아릴 수도 없는 의미들이 켜켜이 내포돼 있어서 상상력을 발휘하여 이 압축된 꿈의 숨겨진 층위들이 드러나 보이게 하는 것이 해석입니다. 저는 꿈작업을 상상력 놀이라고 가르칩니다. 상상을 동원해서 투사하고, 그 투사가 의미가 있느냐 없느냐를 꿈꾼 사람이 판단합니다. 물론 이 과정에 훈련된 직관이 필요합니다. 꿈 말의 공식과 규정이 분명히 있습니다. 흔히 걸작이라고 불리는 미술 작품을 떠올려보세요. 여러 번 봐도 그때마다 영감을 받고 그 과정에서 나는 풍요로워집니다. 꿈은 최고의 예술입니다. 얼마나 맛깔나느냐, 얼마나 모호했던 것이 선명하게 의식으로 들어오느냐, 얼마나 상상을 자극하느냐, 이렇게 꿈 해석에는 답을 파악하려는 태도보다 친해지려는 노력이 필요합니다. 꿈과 가까워질수록 나눌 수 있는 깊이가 달라집니다.

이 꿈은 화장실에서 일어나는 곤란한 일들의 종합편입니다. 화장실은 편안하고 안전한 느낌을 주는 공간이어야 하는데 언덕 가득 똥으로 뒤덮여 있어 그렇지 못합니다. 참 독특한 화장실인데 문을 열면 대자연이 펼쳐집니다. 여기서 재래식 변기를 발견하지만 변기 안에 똥탑이 쌓여 있습니다. 일단 이 난감한 상태에 똥을 밟고서라도 들어가 볼일을 보겠다는 결정은 대단합니다. 악조건 속에서도 볼일을 보려는 자세가 중요합니다.

똥이 뭘까요? 내 안에서 나오는 배설물입니다. 때가 되면 무조건 몸에서 배출해야 하는 게 순리입니다. 은유적으로 내 안에서 똥에 비유할 수 있는 게 뭘까요? 불편하거나 인정하고 싶지 않은 감정이나 생각입니다. 그래서 없는 척하는 것이 대부분의 사람들이 택하는 전략입니다. 이 전략을 취하면 백발백중 대소변을 못 보는 꿈을 꾼다고 봐도 무방합니다. 장이 차면 몸 밖으로 내보내야 합니다. 불편한 생각이나 감정도 밖으로 배출해야 합니다. 그렇지 못하면 감정과 정서의 변비에 걸립니다. 참으면 참을수록 더 곤란한 지경이 되고 자신의 건강까지 해칠 수 있습니다.

이런 불편한 감정이나 생각은 왜 생겨났을까요? '절대 일어나지 말았어야 했는데' 하는 최악의 사건이 있었기 때문입니다. 개인적이든 사회적이든 이런 일은 늘 일어나고 매일의 뉴스는 이 사실을 확인해줍니다. 꿈에 등장하는 똥 무더기나 양으로 봐서 개인적 차원을 넘어서는 일인 것 같습니다.

이 꿈에서 중요한 것은 볼일을 봤다는 점입니다. 대개는 볼

일을 보고 싶어도 화장실을 찾지 못하거나 화장실을 찾았지만 볼일을 보지 못하는 경우가 흔하게 꾸는 꿈입니다. 배설물은 몸 안에 있는 찌꺼기인 만큼 버리고 비워야 합니다.

꿈을 보면 이 불편한 대변이 불같은 감정과 연관되어 있을 것 같습니다. 불처럼 타오르는 감정은 분노나 혐오, 증오 같은 것입니다. 구급차가 귀갓길을 막아서는데, 이 차는 응급 상황에 등장해 나를 멈춰 세웁니다. 만일 구급차가 나를 중단하지 않으면 어떻게 되었을까요? 아마도 화마로 뛰어들었겠지요. 그런데 이 구급차의 남자는 누구일까요?

삶에서 드러나지는 않지만 이런 수많은 사람이 있어서 우리가 살아갈 수 있습니다. 감정에 사로잡히면 이성적 기능이 작동하지 않거든요. 그런데 이 남자가 이성적으로 사고할 수 있게 도와줍니다. 차량 통제를 한다고 하니 아마도 개인적 관계의 멈춤을 뜻하는 듯합니다. 그야말로 오던 길 말고 돌아가라고 합니다. 그러고 나서 불구경을 하러 가서 자세히 봅니다. 이 불길이 미친 화마 같죠. 무섭고 걷잡을 수 없고 모든 걸 태워버릴 듯합니다. 그런 면에서 차를 멈춘 것도 변을 본 것도 현명한 선택입니다.

장애를 딛고 두 발로 서다

아침에 일어나면 직전의 꿈이 어렴풋이 생각나고 시간이 지나면 잊어버리기 일쑤인데요. 이상하게 전에 꾼 꿈이지만 지금까지도 선명하게 생각나는 꿈이 있어요.

장애인인 유명인이 있는데, 늘 휠체어를 타고 다닙니다. 꿈속에 그분이 무대에서 두 다리로 똑바로 서 있었습니다. 꿈에서 그분은 장애가 완치되어 기적처럼 두 다리로 설 수 있었고, 단지 걷는 게 힘들다 보니 서기만 하고 걷지는 못했습니다. 그렇다 해도 두 다리로 서 있는 모습이 경이로워 탄성을 질렀습니다. 무슨 꿈인지 궁금합니다.

기적이 일어났습니다. 꿈이 제목처럼 '장애를 딛고 두 발로 서다'라는 의미를 말 그대로 묘사하네요. 내 꿈에 등장하는 모든 사람이 나이기에 이 유명인도 나라는 사실을 기억해야 합니다. 아마도 엄청난 용기와 노력이 있었기에 불가능하다고 생각했던 일이 가능하게 되었고, 이 순간을 꿈이 포착한 것입니다. '경이롭다'라는 표현을 썼는데, 일상의 언어가 아닙니다. 꿈에서 최고의 아름다움, 놀라움, 떨림은 영성적 체험에 대한 느낌입니다. 진심으로 축하드립니다!

본래 극장과 무대는 신성한 자리였습니다. 그리스에서는 희비극이 상연되는 원형극장에 언제나 디오니소스 신의 가면이 걸려 있었어요. 신이 관장하는 영역이기 때문입니다. 무대를 신성하게 하는 것도 신이고요. 저라면 공간이 무대여서 기적이 일어난 것 같습니다. 이 기적이 구체적으로 무엇을 뜻할까요?

먼저 자신의 장애가 무엇인지부터 살펴보는 게 필요해 보입니다. 그것이 두 발로 서지 못하게 만든 지점입니다. 누구에게나 장단점이 있게 마련입니다. 저는 기계치여서 기계를 어떻게 다뤄야 할지 난감할 때마다 열등감이 밀려듭니다. 열등감이 밀려들 때 저를 달래는 주문이 있습니다. "누구나 저마다 장애가 있어. 나도 잘하는 것이 있잖아. 괜찮아." 이 문제에서 저는 매번 누군가의 도움을 받아야 했습니다. 이와 관련해서는 아직 제 두 발로 서지 못해요. 제가 기계치를 극복하는 날이 온다면 기적과 같은 기쁨을 느낄 겁니다. 자기 발로 똑바로 서지 못하는 장애는 열등감과 관련이 있을 듯해요.

이어서 두 발로 선다는 말에는 독립의 의미가 들어 있습니다. 이전에 의존적이던 것을 스스로 할 수 있게 되는 순간을 뜻합니다. 그것이 경제적 독립이든 정서적 독립이든 공간의 독립이든 저처럼 기계치에서 벗어나는 것과 같습니다. 자긍심이 대단할 듯합니다.

'두 발로 바로 서다'에는 그 아래를 받치는 지지 기반이 든든하다는 의미도 있습니다. 드디어 '발이 땅에 닿는다'에서 땅은 궁극의 기반입니다. 제 스승 중 북미에서 그늘지고 아픈 곳을 찾아다니며 치유작업을 하는 분이 있습니다. 수업 시간에 어떻게 그 에너지를 다 감당하느냐고 질문했을 때, 땅으로 돌려보낸다고 답하셨습니다. 땅은 이 모두를 받아도 될 만큼 품이 너르고 안전하다고요. 이러한 의미에서 기반을 말합니다.

사람의 궁극적 기반은 어디일까요? 누구는 신이라 하고, 누구는 다른 말로 표현하겠죠. 영어에서 발바닥sole이라는 단어와 영혼soul이라는 단어가 발음이 같은데, 이 꿈에 적용해보면 발을 딛고 서는 게 영혼의 안착이란 의미와 관련이 있을 법합니다. 이런저런 상상을 하다 보니 정말 기적이 일어났네요.

누군가에게 쫓겨 도망치다

너무 무서워서 땀을 한 바가지 흘리면서 깼네요. 꿈을 잘 안 꾸는 편인데, 오랜만에 꿈을 꿨습니다.

깜깜한 밤에 한 남자와 제가 동네 상가 1층을 서성입니다. 그러다 발견한 곳이 정육점이고 앞에 개고기를 걸어두었습니다. 안을 살짝 보니, 예사롭지 않은 남자 두 명이 있습니다. 마치 영화 <범죄도시>에 나오는 조선족 같은 말투와 생김새입니다. 그 남자들이 밖에 나오려 하자 우리가 밖에 있는 걸 들키면 안 되는지, 저희는 갑자기 도망갔습니다.

가로등 불빛에 의존하여 도망치다가 그 남자들을 빌라로 따돌리고 거리를 뛰어다녔습니다. 도망가다 버려진 나무 장롱 안에 들어가 숨었습니다. 숨소리조차 들릴 것 같아 숨도 삼켰습니다. 발소리가 전혀 안 들려서 안심하던 찰나에, 장롱 문이 스르르 열리면서 쫓아오던 남자가 씩 웃는 모습이 보입니다.

완전 소름이 확 끼치는 사이 잠에서 깼습니다.

꿈 이야기를 쓰면서 다시 무서움이 몰려오네요. 누군가에게 쫓기는 꿈인데 무슨 뜻인가요?

마치 공포영화의 한 장면 같습니다. 꿈에서 여성을 시달리게 하는, 이런 인물을 부르는 이름이 있습니다. 바로 포식자입니다. 여성의 에너지를 갉아먹는 존재들이라 이렇게 명명하는데 야비하고 위협적이고 집요합니다. 안타깝게도 이런 인물이 꿈에 한 번 등장하고 마는 경우는 없습니다. 모습을 조금씩 바꿀지라도 수시로 출현해서 괴롭힙니다. 포식자는 무슨 수가 있어도 처치해야만 건강하게 살 수 있습니다.

꿈 이미지를 보면 어떻게 해도 절대 이 남자들 손아귀에서 벗어나지 못할 것 같습니다. 꿈을 꾸는 내내 도망 다니고 간을 졸이게 합니다. 이놈들의 특징은 이 꿈에서처럼 씩 웃을 때 그 미소가 위협적이고 야비합니다. 가까이 갈 경우 소매 안에서 갈고리 손이 쑥 튀어나오기도 합니다. 목욕탕 안인데 고추가 말라붙은 야비한 노인으로 나오기도 합니다. 파충류처럼 긴 혀를 날름거리기도 하고 강간하려고 숨어서 기다리기도 합니다. 가장 자주 듣는 묘사는 눈빛이 비열하고 야비하고 잔혹하다는 겁니다. 이런 남자의 이름은 뱀 남자, 강간범, 여우 신랑, 푸른 수염, 흑주술사 등으로 다양합니다.

처음 이 남자들을 마주치는 자리가 상가 정육점 안이고 이 가게에는 개고기를 걸어두었어요. 이 남자들은 특히 개를 도살하나 봅니다. 당연히 여성 내면에 사는 개를 죽이러 왔겠죠. 충직하고 친근하고 후각이 예리하게 발달해서 위험에 빠르게 대처하고 사납게 공격할 수 있는 내면의 힘을 죽이려 합니다. 이러한 본능을 파괴하는 자들이라 이들이 여성의 실질적 삶에 미치는 영향은 무시무시합니다.

꿈속에 이런 놈이 살면 여성의 삶은 치명적일 수 있습니다. 실제 파트너로 이 정도로 나쁜 남자를 만날 가능성이 큽니다. 이런 관계 패턴을 되풀이할 수도 있습니다. 중요한 순간 엄청나게 잘못된 선택을 합니다. 나에게 이로운 게 뭔지, 나한테 좋은 사람이 누군지 본능적으로 알아봐야 하는데, 내 안의 '개 같은 본능'이 작동하지 못해서 그렇습니다.

이 꿈을 기억했다는 사실이 중요합니다. 두 번이나 마주쳤으니 다음에 꿈에 나오면 포식자를 알아봐야 합니다. 그리고 이름을 붙이세요. 정육점 남자든 개를 도살하는 놈이든 상관없어요. 정체를 알면 모르고 당할 때보다 훨씬 유리합니다.

퇴치의 실마리를 찾을 수 있을지도 모르니 꿈을 좀 더 자세히 살펴볼까요. 함께 도망 다닌 남자는 누구일까요? 꿈속에서 존재감이 미미하지만 대단히 중요해 보입니다. 이 남자가 힘이 세면 꿈 상황이 어떻게 전개되었을까요? 분명히 정육점 안 두 남자를 물리쳤을 겁니다. 이 포식자들을 때려잡으려면 이 남자가 제대로 힘을 키우고 성장해야 합니다. 어쨌든 꿈에 이 남자가 하나의 가능성으로 나와서 다행입니다.

꿈에 등장하는 남자들을 나의 남성성이라고 했습니다. 나의 건강한 남성성은 아직 힘이 미약한 데 반해 파괴적인 남성성은 마구 날뛰는 상황입니다. 이 상황을 역전시키는 것이 과제입니다. 이는 장기적으로 해야 할 작업입니다. 전문가의 도움을 받는 것도 좋습니다.

이 숙제를 어떻게 풀 것인지가 관건입니다. 꿈을 통해 정체를 파악했으니 꿈을 통해 꾸준히 내 안에서 벌어지는 내면 풍경을 잘 지켜보는 것도 방법입니다. 나의 이런 파괴적 힘을 꿈은 이미지로 구체화하여 정체를 파악할 수 있게 해주었습니다. 이 이미지를 그림으로 그려도 좋고, 다른 아트로 표현해보는 것도 도움이 됩니다. 이 모두 꿈 에너지를 존중하는 방법이고 이 작업을 활발하게 하는 것이 숙제를 푸는 마중물이 됩니다. 내면세계는 관심을 갖고 꾸준히 만나는 것만으로도 변화가 일어납니다. 그러다 보면 무서운 놈들을 처단하는 꿈도 꾸게 됩니다.

무서운 표정의 젊은 여자

간밤에 이상한 꿈을 꿨는데, 잊히지가 않네요.

길을 걷는데 앞에 어떤 할머니가 걸어가고 있었습니다. 왠지 모르게 다가가 할머니의 어깨를 잡아 돌려 세웠더니 무서운 표정을 한 젊은 여자였습니다. 그 여자가 아주 작은 과도 같은 칼을 저한테 휘둘러서 다리에 손가락 길이만 한 상처가 났습니다. 저를 계속 공격하는데 어디서 나타났는지 모르는 남자가 그 여자를 붙잡아 말립니다. 바닥에 엎드리게 해 결박하고 저지하는데, 그 와중에도 그 여자는 저를 노려보면서 계속 공격하려고 발버둥 칩니다. 그러다가 깼습니다.

그녀의 무서운 표정이 자꾸 생각나요. 정말 이상한 꿈이었어요. 왜 이런 꿈을 꾼 걸까요?

이 여자분이 화가 많이 났는데요. 공격 의지를 줄일 기미가

전혀 없어 보입니다. 내가 뭘 잘못했다고 이러는지 억울한 마음이 듭니다. 내 꿈에 등장하는 모든 사람이나 사물은 다 내 심리의 어떤 모습이라 했습니다. 그렇다면 이 여인은 명백히 '나'입니다. 그녀를 이토록 화나게 한 것은 바로 '나'입니다.

꿈을 꾼 사람에 대한 정보가 너무 부족한데 남자분이라 가정하고 꿈을 상상해보겠습니다. 여자는 스토커처럼 나를 따라다닙니다. 파괴적이고 잔인하고 독기가 서려 있습니다. 마치 그리스 신화에 나오는 마녀, 메두사가 연상됩니다. 메두사는 쳐다보기만 해도 미소년들을 돌로 만들어버렸습니다. 저는 무서운 것 중 하나가 이성을 잃은 남성이 이유도 없이 마구 휘두르는 주먹질입니다. 이 꿈에서는 여자분이 독기를 품고 마구 폭력을 휘두릅니다. 명백한 악몽입니다. 악몽에는 시급한 메시지가 있다고 했습니다.

길을 가다가 할머니 어깨에 왜 손을 얹었을까요? 얼굴을 확인하려고 했겠죠. 이 여인이 할머니일까요? 젊은 여자일까요? 둘 다일걸요. 천년만년 산 모습과 젊은 모습이 같이 있을 수 있으니 사람은 아닙니다. 나이를 초월한 여인입니다. 어떤 모습도 드러낼 수 있는 가변적 여인입니다. 영혼의 이미지이기에 '아니마'라 부릅니다.

그녀는 왜 이토록 화가 났을까요? 내가 무시하고 방치했기 때문입니다. 그동안 아니마로 대표되는 감성, 수용성, 유연성, 가변성, 애매함을 받아들이는 힘과 담 쌓고 지냈기 때문입니다. 나에게는 이른바 힘 말고 사랑의 원리가 발달하지 않았습니다. 이런 나의 소중한 힘을 감히 내팽개치며 살았으니 당연히 이런 공격을 받습니다. 이게 바로 나도 모르게 내가 할머니의 어깨를 잡은 이유입니다. 무의식은 내가 온전하게 살기 위한 방법을 알고 있습니다.

이 여자가 과도를 들고 저를 공격합니다. 이 장면에서 얼굴 상처는 어울리지 않고 심장도 너무 과합니다. 다리에서도 허벅지쯤으로 짐작됩니다. 성과 관련이 있기 때문입니다. 신화에서 허벅지 상처는 성적 이슈와 연결됩니다. 꿈도 마찬가지입니다. 그런데 아직 '아 그래서 그렇구나'라는 개연성을 찾지 못했습니다. 허벅지라는 것은 저의 상상일 뿐이니까요.

어떤 남자가 이 여자의 계속되는 공격을 막습니다. 이런 힘은 중요합니다. 그런데 마지막까지 그녀는 이대로 끝낼 수 없다는 듯, 다음에 다시 돌아오겠다는 듯 발버둥 칩니다.

그럼에도 이미 이 여인과 손길이 닿았고, 이 여인이 나에게 상처를 줬고, 충분한 접촉은 이루어졌습니다. 그러니 앞으로도 계속 꿈속에 등장하겠지요.

내 내면의 여인은 불멸의 연인이어야만 합니다. 절대 함부로 해서도 무시해서도 유혹해서도 안 되는 가장 순결하고 가장 온전한 사랑입니다. 이 여인을 존중하는 법을 배우면, 이 여인이 주는 선물을 누릴 수 있어요. 여인이 화난 이유는 내가 무시했기 때문임을 자각하고 온전한 나로 성장해나가길 바랍니다.

똑같은 꿈을 꾸고 또 꾸고

부산에서 직장을 다니는 청년입니다. 다름이 아니라 제가 한 3일에 걸쳐서 같은 꿈을 연거푸 꿨습니다.

먼저 꿈속에서 의식을 차리면 남동생이 매우 걱정스러운 얼굴로 고민에 빠져 있습니다. 저를 무척 걱정하는 것 같습니다.

장면이 바뀌고 저는 직장으로 차를 몰고 갑니다. 보통 출근 시간이면 차들이 많아야 하는데 저 혼자 차를 몰고 회사에 가고 있습니다. 조금 시간이 지나고 한 아이가 무서운 표정으로 도로 중앙에 서 있습니다. 아이를 피해 옆으로 지나쳐 운전해서 회사로 갑니다.

그런데 얼마 지나지 않아 한 아저씨와 아주머니가 저를 또 무섭게 쳐다봅니다. 저는 속으로 '왜 날 쳐다보지?'라고 생각하며 꿈에서 깼습니다.

꿈에서 나온 아이, 아저씨, 아주머니는 평소 제가 생각했던 평균적인 아이의 모습, 아저씨의 모습, 아주머니의 모습이었던 것 같습니다. 혹시 이 꿈의 내용이 어떤 뜻인지 알 수 있을까요?

3일 연속 같은 악몽을 꾸면 특별히 귀를 기울여야 합니다. 무척 중요하고 시급하다는 것을 꿈이 강조하고 있기 때문입니다. 먼저 악몽은 시급한 메시지가 있어서 꿈꾼 사람에게 특별한 주의와 관심을 환기하려는 꿈입니다. "여기 정말 중요한 게 있으니 잠만 쿨쿨 잘 때가 아니야. 당장 일어나서 좀 봐"라고 무의식이 서둘러 깨우려 합니다.

왜냐하면 진화사에서 어떤 종이든 살아남으려면 위험에 대한 예리한 감각이 발달해야 했습니다. 악몽은 이러한 생존과 연관이 있습니다. 꿈꾼 사람이 악몽에 훨씬 주의를 기울인다는 사실이 진화사에 축적된 지식이라 '119 긴급 메시지'는 악몽 형태로 보냅니다. 안 그러면 쉽게 까먹거나 무시하니까요. 악몽은 그 자체로 '정신 차려 이 친구야!'를 표현하는 방식입니다.

똑같은 악몽이 3일 연속 되풀이되었습니다. 사방으로 119 사이렌이 울립니다. 꿈에 관심을 두지 않는 사람도 꿈꾼 이처럼 그냥 넘어가서는 안 된다는 직관이 작동합니다. 되풀이되는 악몽은 반드시 다뤄야 하는 이슈가 있다는 게 제 지론입니다.

꿈의 도입부에서 '의식을 차리면' 친동생이 걱정스러운 얼굴로 고민에 빠져 있다고 묘사합니다. 이 말은 꿈이 시작될 때 나는 의식이 없는 상태였다는 것을 뜻합니다. 비몽사몽이든 혼수상태든 아니면 망각과 관련된 이야기를 하겠다는 선언으로 보입니다. 언젠가 의식을 잃었던 이야기입니다.

그런 면에서 동생이 나를 지켜본다는 점이 매우 안도감을 줍니다. '나를 걱정하는 것 같다'고 했는데, 꿈속에서도 나는 혼자가 아니라는 사실을 인지하고 있어 가슴 따뜻해집니다. 만일 이럴 때 곁에 아무도 없다면 어떨까요? '세상 아무도 몰라, 나를 염려하는 사람은 단 한 명도 없어.' 밑도 끝도 없이 외로움이 밀려옵니다. 여기 동생이 있으니 힘을 내보세요.

장면이 바뀌는데 본격적인 이야기가 펼쳐집니다. 서둘러 출근을 하는데 도로에 차들이 안 다닙니다. 뭔가 이상한 느낌입니다. 예전에 민방공 훈련을 할 때나 시위 때문에 차량 통제를 할 때 텅 빈 거리에서 엄습하는 야릇함과 비슷합니다. 갑자기 세상이 이상해져버렸어요. 그런데도 나는 출근길 운전대를 잡고 내 갈 길을 가야 합니다. 여기 일상이 멈춘 세상과 매일 반복되는 꿈꾼 이의 행동 사이에 선명한 대비가 눈길을 끕니다. 마치 서로 다른 시간대에 존재하는 것 같습니다. 세상과 나의 연속성이 단절된 것 같습니다. 이것이 심리학에서 말하는 '해리' 상태입니다. '해리'라는 것은 연속적인 의식이 단절되는 현상을 말합니다.

'그래도 출근해야 한다'는 꿈꾼 이의 다짐에서 눈물이 나려고 하네요. 세상과 내가 서로 멀어진 원인이 바로 이 책임감 때문입니다. 살다 보면 억장이 무너지는 일, 털썩 주저앉아 울고 싶은 일, 모든 것을 놓아버리고 싶은 일들을 겪습니다. 놓아버리고 싶은데 책임감 때문에 그조차 할 수가 없습니다. '주저앉아 울 호사도 내게는 없다.' 주저앉아 울고 싶은데, 이런저런 일들을 처리해야 한다는 의무감과 책임감 때문에 마음대로 그럴 수도 없습니다. 저는 가끔 자기 기분대로, 내키는 대로 반응하는 사람이 부러울 때가 있습니다. 때로는 무책임할 수 있는 것도 용기로 보이거든요.

꿈은 나의 반복되는 일상을 가만히 놔두지 않습니다. 도로 한가운데 무서운 표정을 한 아이가 서 있어요. 아이 표정이 심상치 않습니다. 그런데 나는 아이를 피해서 비켜 갑니다. 그러자 아주머니, 아저씨가 서서 나를 무섭게 노려봅니다. 나는 계속 운전하다가 꿈이 끝납니다.

꿈은 나의 정기적이고 반복적인 '일하러 가야 해'를 멈춰 세우려고 온갖 방법을 동원하는 것으로 보입니다. 도로를 텅 비게 하고, 아이를 길 한가운데 세워두고, 부부도 길 위에 등장시켰어요. 이들이 나를 멈추게 하지는 못했지만, 최소한 '왜 그러지?', '나한테 왜 화났지?' 같은 질문을 끌어내는 데는 성공했습니다. 이 꿈을 3일간 보내서 꿈을 물어보지 않고는 못 배기게 했습니다. 나를 걱정하는 동생이 있어서 여기까지 올 수 있었을 거예요. 이 동생도 결국 나이기에 내 안에 나를 진정으로 염려하는 시선이 있습니다. 동생으로 표현된 나는 알았겠죠. 그냥 넘길 꿈이 아니라는 것을요.

질문이 생기는데요. 이 아이 나이쯤에 일어난 충격적 사건이 트라우마로 남아 있을까요? 혹 이 부부가 꿈꾼 이의 부모 모습일까요? 스스로를 돌보는 것보다 책임감을 더욱 앞세운 사람들 말입니다.

꿈은 이제 꿈꾼 이가 이 문제를 진지하게 다루기를 원합니다. 그래서 오래된 상처를 치유하자고 초대합니다. 이미 꿈을 기록하고 문의까지 했으니 이 꿈의 말 걸기에 적극적으로 화답한 것입니다. 이렇게 주거니 받거니 했으니 내일은 꿈이 또 무슨 말을 할까요? 꿈의 대화는 매일 밤 이어집니다. 꿈이 화두처럼 말을 걸고 내가 화답합니다. 이렇게 대화가 이어지면서 상처는 치유되고 탈피하듯이 거듭거듭 진짜 내 모습을 찾아가리라 믿습니다.

불이 난 집

꿈에서 저는 컴퓨터를 하고 있었습니다. 누구 집인 줄도 모르면서 집이 크다고 감탄하며 컴퓨터로 뭔가를 열심히 하고 있습니다. 잠깐 피곤해서 물을 마시러 나가는데, 그 앞에는 아내가 누군가와 같이 있습니다. 제가 반갑게 인사하는 것을 봐선 친한 분인 듯한데, 기억나지는 않습니다. 물을 마시고 다시 컴퓨터로 향하는데, 갑자기 방 어디선가 퍽 소리가 납니다. 갑자기 아내가 "불이야, 여보" 하면서 다급하게 저를 불러서 나갔습니다. 혼자 진화하기엔 너무 큰불이라 밖에 나와 소화 경보기를 누르고 "불이야!" 소리를 지릅니다. 밖으로 나오니 아파트 1층이었고 저는 1층부터 3층까지 직접 다니며 사람들에게 밖으로 나오라고 소리 지르고 아내는 경비실에 방송 요청을 합니다. 사람들이 막 뛰쳐나오고 정신이 없네요. 그러고 시간이 좀 지나 불이 어느새 복도 3층까지 번져, 저는 제발 아무도 다치지 않기를 속으로 빌고 있고, 아내는 "어떻게 장만한 집인데……" 하며 주저앉아버립니다.
이건 무슨 꿈일까요? 궁금합니다.

진땀나는 꿈이네요. 최근에 일어난 여러 대형 화재 사고가 머리를 스칩니다. 꿈에서 처음과 끝이 놀랍게 이어집니다. 처음에 나는 누구 집인지 모르는 큰 집에 있습니다. 불이 나고 집들이 타들어가는데 아내가 "어떻게 장만한 집인데……." 하고 말합니다. 이는 나와 아내의 집이라는 말인데, 나는 내 집인 줄도 모르고 산 셈입니다.

원인이 뭘까요? 아마도 꿈꾼 이가 컴퓨터 앞에서 하는 무엇과 관련이 있을 듯해요. 문어체로 내 정신이 아니라는 말을 '내가 내 마음의 집에 없다'라고 표현합니다. 우리말에 '정신이 가출했다'라고도 말합니다. 〈영리한 엘제〉라는 그림 형제의 이야기를 보면 집 밖에 있는 엘제가 집 안에 있는 남편한테 '나 집에 있어?'를 절박하게 묻습니다. 기성 사고의 틀 속에서 의지나 자신을 잃어버린 희생자를 묘파하고 있습니다. 집에 내가 있는데, 질문하는 나는 누구인가요? 옛이야기는 언제나 그러하듯 훨씬 극적으로 묘사합니다.

컴퓨터를 하던 꿈꾼 이가 피곤하고 목이 말라 물을 마시러 나가는 장면에 아내와 친한 사람을 만납니다. 그런데 인사만 하고 다시 돌아와 컴퓨터 앞에 앉는데 그 순간 상황이 돌변합니다. '퍽!' 소리가 180도 상황을 바꾸는 주문인가 봅니다. 아내가 "불이야, 여보!"라고 소리치는데, 이게 아내의 마음속 '열불'일까요? 그렇다면 '내 안에 불났어. 여보!'라는 말이 되겠죠. 폭발했어요. 집을 다 태울 만큼 화력이 셉니다. 불이 나를 컴퓨터와 떼어놓습니다. 그리고 땅에 가까운 1층으로 내려오게 합니다.

화마에 노출된 세상은 모든 것이 순식간에 변합니다. 불이 나면 다급하게 행동하듯이, 마음속 어딘가에서 긴급 사인을 보내는 것 같습니다. '소화 경보기'라고 했는데, '꿈의 119'입니다. 이미 내가 감당할 수 있는 것보다 파괴력이 걷잡을 수 없습니다. 아내가 바닥에 주저앉으며 하는 말이 절묘합니다. "어떻게 장만한 내 집인데." 아내는 이런 식으로 내가 내 집에 있다는 걸 확인해주나 봅니다.

몸에 박힌 유리 파편들

저는 제 자신을 잘 알고 싶은 47세 여성입니다. 몇 년 전에 지금 사는 곳으로 이사 와서 마음 터놓을 사람을 사귀지 못해 외로움을 좀 느낍니다. 결혼한 후 건강이 계속 안 좋았습니다. 좀 게으른 것 같고 지각도 잘하고 뭔지 모르겠지만 사람들과 소통도 잘 안 되는 것 같네요. 솔직한 제 감정은 숨기고 남에게 맞추면서 살아와서 이제는 내 감정에 솔직해져야겠다는 생각에 하고 싶은 대로 하는 편인데 그것도 편하진 않아요. 그래서 그런지 또 다른 허전함이 있습니다. 겉으로는 웃어도 완전히 내 모습 같지가 않아요. 거기서 어떤 비애감이 느껴지기도 합니다.

이런 상황에서 매일 기억은 잘 안 나지만 어수선한 꿈을 꾸다가 이 꿈만은 생생하게 기억이 납니다.

사람들의 팔이나 어깨 등에 짧은 침처럼 뾰족한 유리 파편들이 수없이 박혀 있었습니다. 제가 그들의 몸에서 유리 파편을 뽑고 있었는데, 제 몸에도 있었는지는 정확히 기억나지 않습니다. 아파서 고통스러워하진 않았습니다. 한 사람씩 유리 파편을 뽑아주는데 참 많이도 뽑았어요.

지금은 자살로 고인이 된 유명하고 예뻤던 여배우의 집이라면서 아주 높은 곳에 집이 한 채 있었어요. 힘들게 가보니까 집이 참 엉성하고 가난해 보였습니다. 집 주변을 조심히 돌아보는데, 주위가 낭떠러지 같았고 집으로 올라가는 계단이 많았어요. 여배우의 엄마, 아빠, 남동생, 셋이 살더라고요.

장면이 바뀌면서 남자분들이 여러 명 있고 저도 친구랑 그 자리에 있었어요. 술상이 차려져 있고 그 엄마라는 분이 노래를 부르시더라고요. 신나는 곡은 아니었어요.

매일 지나다녔는데 이런 집이 있는 줄 몰랐다고 하면서 친구와 다시 차를 타고 가던 길을 갔습니다.

최근에 꾼 꿈인데, 제게 무엇을 말해주려는 걸까요?

뾰족한 유리가 날카롭게 몸을 파고드는 아픔은 어느 정도일까요? 얼마나 아픔이 극심했기에 더는 통증도 느끼지 못할 정도로 무뎌졌을까요? 물리적으로 일어났든 심적으로 일어났든 학대의 상흔입니다. 피부는 나의 경계벽이자 보호막인데 이 마지노선이 침범당했습니다. 그 상태가 오래 지속된 것 같습니다.

세상에는 너무나 많은 아픔이 있는데, 우리는 그 아픔만큼 충분히 울지 못한 채 살아갑니다.

꿈은 아픔으로 가득하지만 놀랍게도 드디어 몸에서 아픔을 빼내는 중요한 작업을 시작했습니다. 내 몸에 있어서는 안 되는 이물질은 제거해야 합니다. 이런 작업은 결코 단숨에 이루어지지는 않습니다. 오랜 인내가 필요한데, 어려운 첫발을 내디뎠습니다. "작은 한 걸음이지만 위대한 한 걸음이다." 달에 첫발을 내디딘 우주인이 한 말입니다. 한 사람의 삶에서도 마찬가지의 족적입니다.

자살했다는 그 여배우도 유리 조각이 몸에 박힌 꿈을 꾸었을까요? 사회는 그리고 대중은 엄청나게 잔인합니다. SNS를 통해 가해지는 언어폭력도 언론의 무차별 공격도 차갑고 예리한 유리 조각일 수 있습니다. 누군가의 몸에 박히고 치명적일 터인데 요즘에는 이런 일이 일상이 되어갑니다.

자기 손으로 몸에 박힌 유리를 하나씩 빼내는 데 무척이나 담담해 보입니다. 결연하기까지 해서 숭고하게 느껴집니다. 아픔을 직시하고 더는 이 상태로 내버려두지 않겠다는 결심이 있었기에 나올 수 있는 행동입니다. 오랜 용기와 인내가 필요하겠지만, 치유가 된다는 걸 알면 끝까지 해낼 수 있습니다. 작은 조각에도 상처를 입을 수 있으니 남김없이 깨끗하게 처리하는 것이 필요합니다. 완결이 필요한 일입니다.

왜 이렇게 많은 유리 조각이 등장했을까요? 무수히 많으니 꿈이 중요하다고 하는 거겠죠. 왜 하필 유리인지 상상해봅니다. 먼저 인간이 처음 유리를 사용한 석기시대에는 날카롭게 찌르고 찢는 도구였습니다. 그 뒤에 소수 특권층만 소유하는 귀한 장신구로 사용되던 시기가 있었습니다. 현재는 공예제품으로, 생활용품으로, 건축 재료로 일상에 주요한 자리매김을 하고 있습니다. 어떤 용도로 쓰이든 유리는 투명해서 빛을 통과하는 특질이 있습니다. 빛이 투과되니 시각적이지만 동시에 보이지 않는 차단막입니다. 유리란 보이지만 만지거나 느낄 수는 없게 합니다. 은유적으로 말하면 머리로 아는 것과 가슴으로 느끼는 것이 유리遊離된다는 것입니다. 그런 면에서 박살난 유리는 반갑기도 합니다.

그러자 다음 장면에 예사롭지 않은 집이 등장합니다. 산꼭대기 외딴곳 절벽에 있는 집입니다. 위로 올라가는 계단이 있습니다. 높은 바위산에 있는 암자를 연상시킵니다. 거기 자살한 여배우 가족이 살아요. 제일 아픈 고통을 겪어낸 사람들이 사는 집입니다.

죽은 여배우 어머니가 이 자리에서 노래합니다. 술 한 잔 앞에 두고 과연 어떤 노래를 부를까요? 그레고리안 성가나 염불 같은 것은 아닐 테고, 아마 구성진 소리일 듯해요. 한 타령도 좋고 삶의 애환이나 넋두리도 좋고 어떤 곡이든 리듬을 타면 함께 눈물 흘리며 흥겨울 수 있습니다. 자식을 먼저 보낸 아픔이 가장 큰 고통이라고 하는데, 꿈은 예우를 할 줄 아는 듯합니다.

이런 자리에는 아무나 초대받지 않을 것 같습니다. 이 정서가 뭔지 아는 사람만 그리고 또 그것을 다루며 살아내려 안간힘을 쓰는 사람만 공유하는 자리입니다. 꿈 마지막에 여기에 이런 집이 있는 줄 몰랐다고 했습니다. 어쩌면 우리 곁에 늘 있지만 때가 되어야 접근이 가능한 집이라고 말하는 것 같습니다.

이 집을 '슬픔의 사원'이라 불러도 좋겠습니다. 이런 자리가 있어서 잠시 숨통을 틔울 수 있다는 사실을 아는 나는 인생의 깊은 맛을 본 사람입니다.

옆집 여자에게 남편을 뺏기다

꿈속에서 저는 남편과 평범하게 사는 부부였습니다. 그런데 무슨 이유에서였는지 요즘 친하게 지내기 시작한 이웃집 주민이자 딸의 친구 엄마와 제 남편이 사랑에 빠져 저와 헤어지고 그 엄마와 남편 둘이 살게 되었습니다. 저는 곧 새로운 남자를 만나게 되지만, 마음을 주지 못하고 꿈에서 계속 방황하며 버스를 타고 이곳저곳을 헤매고 다녔습니다. 그러다 가방을 하나 얻었습니다.

결국에는 남편과 이별을 후회하고 둘이 헤어져 나에게 돌아오길 바랍니다. 둘 사이를 질투도 합니다. 하지만 남편은 저와 살 때도 좋았지만, 지금도 좋다고 말합니다. 저는 괴로워하고 우울해하다가 꿈은 끝이 났습니다.

요즘 남편이 평소보다 저에게 참 잘해주는데, 이 꿈은 무슨 의미일까요?

아침부터 부부싸움하기 딱 좋은 꿈이네요. 남편이 왜 평소보다 잘해줄까? 의도하지 않았는데도 머릿속에서 소설이 절로 써집니다. 이런 찝찝하고 야릇한 꿈은 왜 꿀까요? 의미 없는 꿈도 중요하지 않은 꿈도 없습니다. 꿈은 자신의 건강과 성장을 도와주기 위해 꾼다고 했는데 이 꿈은 어떤 의미인지 의아할 것입니다.

새로 친하게 된 이웃에 사는 딸 친구의 엄마는 어떤 사람일까요? 매력 있고 아름다운 여인일 것 같아요. 이웃이란 물리적 공간이기도 하지만, 내 마음 안의 자리라고 상상해보세요. 내 가까이에 이 새로운 여인이 다가왔습니다. 그런데 이분에게는 있고 나에게는 없는 게 뭘까요? 꿈 드라마에서 남편도 혹해서 이 여인과 살려고 나를 떠날 정도인데, 도대체 그녀의 매력은 무엇일까요? 이럴 때 '이 사람도 결국 나야'라는 말은 참으로 위안이 됩니다. 하지만 대부분은 자신에게 매력이나 아름다움이 있다는 걸 부정합니다. "말도 안 돼" 하며 손사래를 치지요.

꿈작업을 할 때 사람들은 자신이 싫어하고 거부감을 느끼는 사람이 자신이라고 할 때보다 멋지고 사랑스럽고 아름다운 사람이 자신이라고 할 때 훨씬 더 강하게 반발합니다. 칭찬에 야박한 사회에 살아서일까요. 그런 면이 나에게 있다고 인정하기 힘들어합니다.

이웃 여인에게는 있는데 나에게는 없다고 생각하기 때문에 마음에 질투가 생겨납니다. 질투는 미완의 드라마입니다. 왜냐하면 내가 끌리는 것은 더도 덜도 아니고, 아직은 내 것인 줄 모르는 상태이기 때문입니다. 아 이런 매력이 있구나, 내 것이었으면 좋겠다 하는 단계가 질투입니다. 질투에도 법칙이 있습니다. 내 안에 없는 것은 절대 질투하지 않습니다. 질투는 선택 사항이 아닙니다. 그렇지만 질투가 생기면 책임이 따릅니다. 이것을 아는 사람은 참 드물더라고요. 그 책임은 다름 아닌, 자신의 노력으로 나의 것으로 만들어가는 의식화 작업을 말합니다. 이것을 해내는 사람은 더욱 드뭅니다. 이렇게 해야 질투의 완결 드라마가 만들어집니다. 무의식이 불러낸 질투는 단순히 그런 마음이 일어서가 아니라 이 감정을 완결 드라마로 만들어내지 못해서 생겨납니다. 강한 감정이 일어 에너지가 많이 투자되었으니 자세히 들여다봐야 합니다.

남편의 태도부터 보면 꽤 신사처럼 말은 번지르르해도 의리라고는 없네요. 남자의 멋은 지조입니다. 그런데 꿈에 나오는 남편은 나에게 한 약속도 가정에 대한 책임도 손쉽게 저버리고 마는 약한 남자입니다. 신뢰를 내팽개치는 이 가벼운 사내는 과연 누구일까요? 역시 나입니다. 나의 남성성이 이 정도로 미성숙하다면 나의 삶은 어떠할까요?

꿈 이야기를 들으면서 의아한 점이 많았습니다. 왜 세대로 화를 내지 않는 걸까요? 다른 남자는 뭐하러 만날까요? 마음이 정리되지 않았는데 행동이 앞서면 언제나 후회만 남습니다. 지금은 나한테 어떤 일이 벌어지고 있는지 전체 그림을 제대로 볼 때입니다.

방황 끝에 남편과의 이별을 후회하고 남편이 다시 돌아오길 바랍니다. 이성이 마비된 상태처럼 보입니다. 자신이 선택하지도 않은, 일방적으로 당한 일인데 자신이 후회하고 있습니다. 후회하고 사과해야 할 사람이 누구인지 정리되지 않은 상황입니다. 이것이 정리되어야 돌아오기를 바라든 헤어지든 다음 단계로 넘어갈 수 있어요. 이는 결국 자기 내면의 남성성의 성장과 직결된다고 봅니다.

남성성의 특질이 빠른 판단, 정확한 결정, 예리한 분석, 굳은 의지, 끝까지 완수하는 힘이라 했어요. 이런 남성성을 키우는 것이 지금 자신의 삶에서 가장 중요한 숙제입니다.

그런데 이 남자가 트릭스터trickster 역할을 하네요. 신화에는 트릭스터가 종종 등장하는데요. 기존의 도덕이나 관습을 무시하고 제멋대로 행동해 상대를 곤경에 빠뜨리는 경향이 있는 인물이나 동물을 가리킵니다. 이 꿈의 백미는 남편의 마지막 말입니다. '당신과 살 때도 좋았지만 지금도 좋다.' 이게 무슨 의미일까요? 돌아가지 않겠다는 의도라면 '지금이 더 좋아'라고 말해야 하는데, 그렇지가 않습니다. 그래서 제 생각에는, 이 드라마는 꿈꾼 이 혼자만의 삼각관계인 듯합니다. 이웃, 남편, 나를 등장인물로 펼치는 나의 모노드라마입니다. 내 그림자인 이웃 여인과 내 아니마인 남편과 나는 내면세계에 공존하는 다양한 내 모습입니다.

꿈의 배경을 마음 안의 지형이라 볼 때, 나와 질투의 대상인 그녀가 이웃입니다. 남편이란 사람은 내 집에서 이웃으로 옮겨 갔어요. '옆집도 좋고 이 집도 좋다'라고 하면서요. 이 남편이 트릭스터인 이유가 의식적으로 내 질투의 드라마를 완결하는 촉매 역할을 하기 때문입니다.

이 꿈에서 아주 중요한 상징 하나가 있습니다. 다른 남자와 만나는 것을 포함해 버스를 타고 이리저리 배회하고 헤매던 중 밑도 끝도 없이 가방이 하나 등장합니다. 가방에는 나의 주민증, 신용카드, 현금 등이 다 들어 있습니다. 내가 누구인지를 확인하는 정체성의 보관 주머니입니다. '밖으로 그만 돌고 질투 드라마를 완결하자'가 가방의 등장으로 가능해집니다.

흔히들 얼토당토않은 꿈을 개꿈이라 치부하며 무시하는데, 그건 자신이 꿈 말을 이해하지 못해서 빚어진 오해입니다. 어떤 꿈이든 꿈꾼 이에게 중요한 이야기를 들려줍니다.

꿈 일기를 작성하는 방법

꿈을 이해하는 첫걸음은 꿈을 기억하는 것이다. 꿈이 잘 기억
나지 않는다는 사람이 많다. 심지어 꿈을 안 꾼다고 말하는 사람
도 있다. 하지만 누구나 매일 밤 꿈을 꾼다. 꿈을 안 꾼다고 말하는
사람들은 습관적으로 꿈을 잊어버리기 때문이다. 뇌과학의 발달
로 누구나 하룻밤에 5~7번 꿈을 꾼다는 것이 확인되었다. 우리는
REM(급속안구운동) 수면 단계에서 생생하게 꿈을 꾼다.

꿈과의 대화 첫걸음은 기억하고 기록하는 것이다. 먼저 꿈 노
트를 마련한다. 베개 옆에 두고 잠에서 깨어나는 순간 바로 기록한
다. 나중에 적어야지 하고 몸을 움직이는 순간 꿈은 연기처럼 사라
진다. 꿈은 바다에서 물고기가 펄쩍 튀어오르는 순간과 비슷하다.
눈에 보일 때 바로 잡지 않으면 금세 사라지기 일쑤다.

잘 기억나지 않는다면 잠자리에 들 때 '내일은 꼭 기억하겠다'

하고 자기암시를 한다. 나는 자기 전에 꿈 노트를 펼쳐 어디에 쓸지, 기록할 연필까지 챙겨둔다. 이 행위가 꿈을 기억하는 데 도움이 되기도 한다.

자는 동안 중간중간 꿈을 꾸는데, 기록을 남기고 싶다면 노트에 핵심 단어 한두 가지를 쓰고 계속 잠을 잔다. 숙면을 방해하지 않는 선에서 기록해야 한다. 아침에 이 단어들을 보면 꿈 전체가 기억날 가능성이 크다. 가끔씩 꿈에서 엄청난 발견을 하거나 창작을 하기도 한다. 근사한 시가 나오기도 하고 기발한 표현들, 혹은 처음 들어보는 음악이 흘러나오기도 한다. 이 경우 자다가 중간에 일어나서 적는다. 주로 현실에서 집중하고 고민하는 문제가 있을 때 꿈에서 답을 얻기도 한다. 실제 인류의 수많은 발명과 예술이 이런 방식으로 태어났다.

꿈을 기억하는 것은 의식적인 노력이 필요하다. 노트에 기록하려 해도 꿈이 기억나지 않는다면 비타민 B복합체를 복용해본다. 꿈에 대한 기억을 월등하게 향상시킨다는 임상 결과가 나와 있다.

기록할 때 주의할 점

>>>

1 - 가급적 자세하게 적는다

꿈은 현실과 관련이 없어 보이지만 현실을 반영한다. 꿈에 나타나는 상징이 서로 연결되지 않아서 중요하지 않아 보일 수 있지만 덜 중요한 요소는 없다. 꿈 내용을 간단히 요약하기보다는 모든 상황을 기록한다. 줄거리, 배경, 밝기, 느낌. 줄거리가 이어지는 꿈에 더 특별한 의미를 두는 경향이 있는데 파편화되어 이어지지 않고 어떤 인과관계가 없어 보이는 게 꿈이다. 연결이 되든, 끊어지든, 비논리적이든, 기억이 거의 안 나든, 이미지는 없고 소리만 들리든, 전부 훌륭한 기억이니 그대로 적어라.

2 - 다양한 방식으로 꿈을 기록해도 된다

주로 꿈 노트에 적는데, 스마트폰에 기록하는 사람도 있고,

꿈을 녹음하는 사람도 있고, 온라인에 나만의 꿈 블로그를
만들기도 한다. 그림으로 그려도 된다. 어떤 방식이든 기록
으로 남기는 것이 중요하다.

3 - 현재형으로 기록한다

꿈은 반드시 현재형으로 기록하고 현재형으로 이야기한다.
꿈의 시간 개념은 과거, 현재, 미래로 나눠져 있지 않다. 현
재형으로 다뤄야 꿈이 생생하고 에너지도 가장 활성화된다.

4 - 꿈을 기록한 후 제목을 단다

제목은 한두 단어보다는 대표 이미지를 집약한 한 문장으
로 표현하는 것이 좋다. 제목을 달면 꿈을 바라보는 자신의
관점이 정해진다. 뜻을 몰라도 한결 정리가 된다. 나는 꿈
내용, 날짜, 제목, 꿈과 관련해 그날 있었던 사건들을 각기
다른 색으로 기록한다. 몇십 년 기록이 쌓이니 나중에 다시

찾거나 그 시절 그맘때 꿈이 나에게 무슨 말을 했을까 궁금
해서 돌아볼 때 도움이 된다.

5 - 지저분해질 자유를 허용한다

꿈을 기록하다 보면 혼동되는 지점이 많다. 이게 앞이었나?
뒤로 들어가야 하나? 이런 혼란 자체가 꿈의 역동성이다.
말풍선을 만들어 삽입해도 되고 '헷갈림'이라고 써놓아도
된다.

6 - 논리적이지 않아도 된다

꿈작업을 하다 보면 이걸까 저걸까? 혼란스러울 때가 있는
데 그것도 주요한 정보이다. 헷갈리는 데는 이유가 있다. 문
법도 틀리고 조사도 엉성하지만 그 자체로 의미가 있다. 점
차 꿈과 친해지다 보면 언어로 표현할 길이 없는 경험도 자
주 맞닥뜨린다. 말로는 표현할 수 없는 느낌이다. 무의식이

의식보다 뇌 용량이 훨씬 크다는 사실을 상기하면 자연스
러운 현상이다.

7 - 꿈 노트의 표지를 장식한다

각종 주요 상징들이나 나에게 의미가 있는 이미지들로 콜
라주를 해보라. 꿈에 그 상징이 등장할 때 기억날 가능성을
높일 수 있다. 일종의 재미있는 놀이다. 내 꿈을 담는 노트
를 특별하고 고유하게 만드는 재미가 있다.

>>

2장

꿈이 건네는 말

가장 가까운 가족에게 받은 상처

돈다발을 들고 나타난 아버지

친정아버지가 꿈에 나타나 저에게 2백만 원은 용돈으로 쓰라하고, 4백만 원은 누군가에게 빌린 돈을 대신 갚아달라고 하셨어요. 알겠다며 돈을 받으려는데 갑자기 아버지가 말을 바꿔 계좌로 보낼 테니 기다리라면서 어딘가로 가셨어요.

그 이후 아버지와 연락이 되지 않고 집에 가도 안 계셨어요. 빚을 갚아야 한다는 말이 신경 쓰여서 여기저기 아버지를 찾으러 다녔어요. 결국 아버지를 못 찾고 꿈에서 깼어요.

돈이 나오는 꿈은 좋지 않다고 들었는데, 아버지가 돈다발을 들고 있어서 이상해요. 최근에 아버지와 다퉈서 연락도 하지 않고 만나지도 않는데 무슨 일이라도 있는 걸까요?

나이와 상관없이 용돈을 받는 일은 언제나 신이 나지요. 만일 아버지가 "용돈 줄게" 하며 돈을 건네는 꿈을 꾼다면 저는 한편으로 흐뭇하면서도 다른 한편으로 지금도 아버지한테 받고 싶은 게 있는 걸까, 하고 스스로에게 질문해보겠어요. 꿈에서든 현실에서든 돈은 에너지를 나타냅니다. 마음 가는 데 돈 가고, 돈 가는 데 마음이 간다는 말이 있습니다. 돈이 오고가는 건 다른 말로 에너지 교류가 일어난다는 것을 뜻합니다. 제가 터득한 돈에 관한 교훈은 '돈은 돈 값을 한다'는 거예요. 영어권에서는 '세상에 공짜 점심은 없다'라고 표현해요. 절대 진리입니다. 아무 대가 없이 그냥 받기만 하는 관계나 교류는 세상에 없어요. 그래서 내가 뭘 얻으려면 그만큼 다른 식으로 지불해야 하는 것이 세상 이치입니다. 그게 돈이라는 에너지가 요구하는 공정성이에요. 이걸 잊으면 사고가 납니다.

꿈속에서 용돈 2백만 원은 그 이상의 다른 의미가 들어 있어요. 꿈은 언제나 그 이면에 숨어 있는 의미가 중요하답니다. 돈다발을 들고 나를 부르는 아버지의 꿈은 아버지와 나 사이에 에너지 교류가 일어나는 방식을 보여주는 게 아닐까요. 꿈은 아버지와 나 자신의 관계를 좀 더 들여다보라고 말하네요.

갑자기 아버지가 말을 바꿨다고 표현했는데 아버지와 나와의 관계를 대표하는 말이 아닌가 해요. 수시로 말을 바꾸는 사람과는 신뢰가 기본인 관계를 맺기 힘들겠죠. 관계의 기본 틀이 취약해요. 잔뜩 기대하게 만들고는 말을 바꿔서 기분을 상하게 하면 감정은 롤러코스터를 타게 됩니다. 스스로가 감정을 선택하는 게 아니라 누군가에 의해 내 기분이 좋아졌다 나빠졌다 한다면 이건 놀이가 아니라 학대에 해당합니다. 떨어진 바닥에는 익숙한 좌절이 자리하고 있을 겁니다.

불시에 나타난 아버지가 용돈을 주겠다고 해놓고는 사라져버려요. 이런 아버지를 찾아 헤매는데 어디에도 아버지는 없어요. 이미 사건 깊숙이 말려들었고 결과적으로 아버지가 진 4백만 원의 빚과 걱정만 남았네요. 이 빚은 과연 누구의 몫일까요? 짐작건대 이 빚을 떠안은 사람이 꿈을 꾼 본인이기 때문에 이 드라마가 지속되어온 것 같아요. 아버지의 행동 패턴을 다시 한 번 확인하는 순간이에요.

'아직 아버지한테 받고 싶은 게 뭘까?'라는 질문으로 시작해보세요. 다르게 표현하면, '나는 왜 또 이 미끼를 덥석 물었을까?' 하는 물음과도 이어져요. 왜냐하면 받고 싶은 간절함이 크지 않다면 아버지의 2백만 원 돈다발 미끼는 덥석 물 만한 먹잇감은 아니기 때문이에요. 아버지가 내민 미끼에 얼씨구나 하고 달려가기 전에 조금만 생각해본다면 달라질 수 있어요. '이번에 얽히면 또 나만 곤란해지는 것 아닐까?', '용돈이라는 횡재 뒤에 뭐가 있을까?' 매번 반복되는 패턴에서 나도 주요한 공범이라는 사실을 인식할 필요가 있어요. 스스로 상황을 직시하지 않거나 지나치게 순진한 탓일 수도 있어요. 용돈을 줄 여유보다 빚이 더 많은 아버지에게 왜 뭔가를 받고 싶은 기대를 내려놓지 못할까요?

누구든 '부모'에게 환상을 갖고 있습니다. 현실 속의 부모와 언제나 무한한 사랑을 주는 이상적인 부모. 이 두 가지 부모상이 섞여 있어요. 무한한 사랑을 주는 존재라는 이상적인 부모는 사실 현실 속 나의 부모와 상관이 없어요. 자녀가 만든 환상적인 부모상은 인간이 충족시킬 수 있는 수준이 아니에요. 이상적인 부모와 현실 속 부모의 간극이 클수록 자녀는 고통을 받습니다. 나의 부모가 자기 부모에게 제대로 못 받아서 자녀에게 줄게 별로 없으면 어쩌죠? 낳아주고 길러주는 것이 부모에게 받을 수 있는 전부라면 그 외 다른 기대에 매달리는 건 희망고문일 뿐입니다. 내 부모가 평범한 인간이라는 것을 이해하는 데 일생을 보낼 수는 없으니까요.

꿈에서 아버지를 찾아 헤매지만 어디에도 없습니다. 마음이 아프네요. 어쩌면 이상적인 아버지를 찾는 것이 일생의 드라마인지도 모르겠습니다. 답답함과 초조함이 밀려왔다가 뒤늦게 빚에 대한 염려가 머릿속에 들어와요. 아마도 꿈은 2백만 원의 기대치를 내려놓지 않으면 4백만 원의 빚을 떠안게 된다는 이야기를 하려는 것 같아요.

관계 맺기는 혼자 하는 게임이 아니에요. 또한 자기 자신을 스스로 책임지는 게 성인입니다. 꿈이 같은 이야기를 계속한다면 그 속에 해결하지 못한 중요한 숙제가 남아 있다는 것을 기억하세요. 아버지를 바꿀 방법은 없어요. 내가 그만둘 수는 있습니다. 충족이 아니라 손해만 보는 이 게임을 멈추라고 꿈은 말하고 있어요. 내가 미끼에 현혹되지 않고 또 대신 갚아주는 일을 되풀이하지 않고 아버지에게 자신이 진 빚을 스스로 책임질 기회를 주는 거예요. 이게 진정한 효도가 아닐까요? 진정한 효도는 나 자신을 돌보는 길과 상충될 수 없습니다. 책임 있고 성숙한 딸이 되는 것보다 더한 효도가 있을까요?

꿈에서든 일상에서든 돈이라는 에너지의 흐름, 즉 주고받음은 공정해야 해요. 꿈이 관계 패턴을 바꾸고 에너지 누수를 막고 나를 잘 돌보라고 초대를 한 겁니다. 내가 이런 지혜로운 꿈을 꾸는 사람이라는 걸 꼭 기억하세요.

추락한 나무 비행기

언니와 조카가 함께하는 꿈을 꿨어요. 저는 침대에 기대앉아 있고, 언니는 옆으로 누워 있고 그 사이에서 조카가 즐겁게 놀고 있었습니다. (이 조카는 제가 특별히 예뻐하는 녀석입니다. 녀석도 저를 무척 잘 따르고요.) 조카는 나뭇조각으로 만든 비행기를 저한테 날리는데, 신기하게도 비행기가 붕 떠서 저한테로 왔어요. 비행기의 날개는 빨간색입니다. 그런데 저는 인상을 찌푸리면서 비행기를 손으로 막아냈어요. 손에 부딪힌 비행기는 바닥에 툭 떨어졌습니다. 조카는 또 다른 비행기를 저에게 날렸고 또다시 저는 손으로 막아내 비행기가 추락했습니다.

꿈에서는 평상시에 하지 않던 행동을 할 때가 있습니다. 현실이라면 내가 예뻐하는 조카와 비행기를 같이 날리면서 즐겁게 놀 텐데, 꿈에서 내가 한 행동은 의아할 따름입니다. '어 왜 이렇게 행동하지? 나답지 않은데…….' 평소와 다른 내 모습에 '왜?' 혹은 '이게 무슨 뜻이야?'라는 궁금증을 일으키는 꿈입니다.

조카가 몇 살인지 궁금한데, 제 짐작으로는 아주 어릴 것 같아요. 제가 이 이미지 속 조카가 되어볼게요. 아이는 당황해서 어쩔 줄 몰라 합니다. 같이 놀고 싶은데 이모가 자꾸 밀쳐냅니다. 도무지 이해가 되지 않습니다. 이모가 나를 싫어하나? 조금 쭈뼛쭈뼛하면서 다시 한번 용기 내어 장난감 비행기를 날려봅니다. 그런데 이모는 인상까지 쓰면서 나를 향해 거절의 손바닥을 내밀며 비행기를 추락시켜버립니다. 놀고 싶은 조카의 마음에 커다란 장벽이 가로막혔어요. 울음이 터질 것 같은데요.

이번에는 이모가 되어볼게요. 왜 이런 행동을 할까요? 왜 이렇게 과장된 행동을 할까요? 자신도 모르게 조카 나이였을 때의 나를 드라마로 재현한 것은 아닐까요? 그 시절 나의 소중한 놀이를 이렇게 무질렀던 엄마 아빠가 있었을 것 같아요. "던지는 건 나쁜 행동이야. 얘가 왜 얌전하게 놀지 못하고." 엄마나 아빠의 꾸지람에 화나고 슬펐던 경험이 있을지도 모르겠어요. 그때 '나는 크면 절대 그러지 말아야지'라고 결심했다고 해도 어쩔 수 없습니다. 지금 꿈속에서 꿈꾼 이의 어린 시절 드라마가 펼쳐지는 듯합니다.

같이 누워 있는 언니는 또 어떤 역할을 하나요? 내가 놀자고 했을 때 "나 피곤해. 제발 잠 좀 자자"고 했던 부모님의 모습일까요?

그런데 왜 하필 나뭇조각으로 만든 비행기일까요? 게다가 날개는 빨간색으로 칠했어요. 아이 입장에서는 정성을 다한 최고의 예술작품입니다. '나는 나뭇조각으로 비행기를 만드는 사람이야. 내가 크면 뭐든지 다 만들 수 있을 거야.' 50년 뒤 세계 최고 거장으로 주목받을 사람이 될지 누가 알겠습니까? 나뭇조각에 아이의 비상하는 꿈이 실려서 이렇게 잘 날아오른 게 아닐까요? '툭'은 부푼 꿈이 채 펼쳐지지 못한 채 떨어지는 소리 같습니다.

간절히 소망하던 꿈을 이루지 못하는 이야기는 너무 가슴 아픕니다. 영혼에 깊이 새겨진 상흔은 한 세대가 지나도 풍화되지 않나 봅니다. 이토록 '안 돼, 하지 마'가 뼛속 깊이 새겨져 있으면 그것이 나에게 있는지조차 모를 때가 많습니다. '빨간색으로 치장한 비행기'가 추락한 자리는 너무 아파서 그 자리를 건드리는 조카가 괜스레 미운 건지도 모릅니다. 그래서 인상까지 쓰면서 '안 돼, 건드리지 마!' 하는 몸짓이 나오나 봅니다.

내 안에 파괴된 부분은 누구에게도 절대 보여주고 싶지 않은 것이 인간 심리입니다. 아무리 사랑스러운 조카라고 해도 그렇습니다. 어린 시절 받은 상처를 대물림하지 않으려면 내 안의 나를 잘 보듬어주고 달래줘야 합니다. 꿈은 어린 시절의 내 상처를 잘 다독여주라고 초대한 겁니다.

친한 언니의 입양을 반대하다

저와 절친한 언니에게 어린 아들이 하나 있습니다. 꿈속에서 언니에게 갑자기 연락이 왔어요. 아기를 입양한다고 했습니다. 그 말을 듣자마자 저는 입양의 단점을 나열하며 극구 반대했습니다. 그런데 언니가 포대기 속에서 잠든 아기를 보여주었습니다. 너무 귀엽고 사랑스럽다며 어쩔 줄 몰라 했습니다.

언니가 아기에게 줄 선물을 들고 긴 줄을 섰습니다. 묘하게도 줄을 선 모든 사람이 입양할 아기에게 줄 거의 비슷한 (일부 겹치는) 선물을 바구니에 담은 채 서 있었습니다. 언니도 그 줄에서 기다렸다가 입양하겠다고 서명했습니다.

다시 아기를 보니 갓난아기가 아니었습니다. 일곱 살 여자아이였는데, 저는 그 아이가 왠지 아주 밉고 싫었습니다. 또 한 번 입양을 필사적으로 반대합니다. 언니는 나의 과민한 반응을 이해하지 못하고 그 자리에서 입양 동의서에 서명했어요.

나는 왜 친한 언니가 결정한 입양에 반대할까요? 그 장면이 무척 인상적입니다. 반대 정도가 아니라 과한 거부감을 드러내고 적극적으로 언니의 결정을 만류하려다 실패하자 결국 언니와 관계를 멀리해야겠다는 다짐까지 합니다.

정말로 간절한 아이의 마음이 느껴집니다. '그럼 큰일 나. 제발 내 말 좀 들어달란 말이야.' 그래도 안 되니 마구 떼를 씁니다. 어른의 모습으로 등장하지만 아이처럼 무척 간절하게 행동합니다. 꿈꾼 이의 절박함은 어디서 나오는 걸까요? 아마도 친한 언니와 언니의 입양 계획이 본인의 어린 시절을 소환해서일 겁니다.

이 꿈에 흐르는 강한 감정을 뭐라 이름 붙이면 좋을까요? 절박함이나 간절함? 불안? 다급함? 그보다 더 근원적인 존재론적 위기일까요? 꿈에 이처럼 강한 감정이 등장할 때, '이건 아주 중요해'라는 강조로 봐도 무방합니다. '여기 네 삶의 주요한 열쇠가 있으니 눈여겨봐.' 일상에서 이런 일이 벌어진다고 상상해보세요. 이 안절부절못함에는 얼마나 많은 에너지가 필요할까요? 에너지가 많다는 것은 무의식의 활동이 크다는 뜻입니다. 이런 꿈을 꾸고 나면 저는 두려워하지 않고 꿈과 마주하려고 합니다.

꿈이 보여주는 낯설고 엉뚱한 상황에 당황스럽지만 그것은 다름 아닌 우리의 무의식입니다.

이 꿈에서 '입양'은 핵심 열쇠입니다. 내 일도 아니고 친한 언니의 결정인데, 내가 왜 이렇게 안절부절못할까 궁금하기도 합니다. 나의 좌불안석은 입양한다는 사실 때문일까요, 친한 언니가 입양을 해서 그런 것일까요? 세상 모든 사람은 다 상관없지만, 그 언니만은 그래서는 안 되는 이유가 있을지도 모르니까요.

예를 들어 친한 언니가 자신에게 엄마 같은 존재일 수도 있습니다. 아이를 키우는 모습에서 더욱 나와 엄마의 관계가 저랬으면 하고 바랐을 수도 있습니다. 그래서 언니의 입양 계획이 내 자리를 위협하는 것으로 느껴질 수도 있습니다. 입양하는 아이가 딸이어서 더 불안하기도 합니다. 우리는 오랫동안 가부장적 사회에서 여자라는 이유로 차별을 해왔습니다. 아들이 있는 집에 딸로 태어난 나의 위치가 입양아와 겹쳐졌을까요? 아들 중심의 가정 문화에서 딸은 가족의 엑스트라일 때가 많았습니다. 어린 시절을 한번 뒤돌아보세요. 딸로 태어난 나에게는 큰 관심이 없고 오빠에게 온통 쏠려 있지는 않았나요? 여전히 나도 어린데 동생이 태어나는 바람에 할머니나 친척 집에 보내져서 자랐다면 더 심각하겠죠. 입양은 내 부모가 나를 키우지 못하고 아이에게 더 나은 부모를 만날 기회를 열어주는 것이잖아

요. 그런데 아이 입장에서는 부모에게 버림받은 느낌을 지우기
힘듭니다.

　바구니에 아기 선물을 들고 줄을 서 있는 사람들은 누굴까
요? 저는 이 장면이 베이비샤워 같아요. 최근 우리에게도 익숙
해진 신풍속인데, 세계 곳곳에서 오랜 전통으로 내려오던 의례
입니다. 아기 탄생을 축하하고 어머니됨을 축복합니다. 그리스
에서는 암피드로미아Amphidromia라는 의례가 있었습니다. 아이
출산 후 7일째 되는 날 아기를 가족의 일원으로 받아들이는 행
사입니다. 태어날 아기를 위해 선물을 바구니에 담아 오는데,
아기의 탄생을 축복하는 겁니다. 베이비샤워는 주로 친구 사이
에서 이루어지는 사회적 공인이기도 합니다. 꿈에서 아기를 입
양하면 안 되는 이유는 무엇일까요? 그다음 장면에서 설명합
니다.

　일곱 살 여자아이가 바로 그 비밀입니다. 왠지 밉고 싶은 이
아이는 누구도 아닌 바로 자신의 모습이라고 생각됩니다. 절대
보고 싶지 않은 일곱 살 때의 '나'입니다. 일곱 살 때 무슨 일이 벌
어졌을까요? 꿈속에 나오는 숫자가 의미 없는 경우는 없습니다.

　결국 상처를 건드리기보다 엄마 같은 언니를 멀리하겠다고
결심합니다. 어처구니없어 보이지만 무의식의 세계에서는 가
능합니다. 무의식 세계에서 우리는 미성숙하고 무책임합니다.

이런 미성숙한 행동이 비일비재한 걸 보면 우리 모두의 내면에는 이처럼 상처받은 아이가 있나 봅니다.

이때 꿈에 등장하는 친한 언니 또한 나의 다른 모습입니다. 이 언니는 입양할 정도로 사랑이 넘칩니다. 분명 좋은 엄마가 될 거예요. 이게 내가 이 언니를 이토록 좋아하는 이유입니다. 언니의 돌봄으로 일곱 살짜리 나는 커가지 않을까요? 이 언니가 나라는 사실을 잊어버리지만 않는다면 가능합니다.

피하고 싶은 마음을 억누르고 에너지를 많이 쏟아야 하는 꿈에는 반드시 내가 배워야 할 점이 있다는 것이 제 삶의 철학입니다. 미성숙한 나, 부끄러워 숨고 싶은 나를 있는 그대로 받아들여야 한다는 것을 새삼 배울 수 있었습니다.

두 살배기 딸과 이물질

저는 두 살배기 딸이 있는 엄마예요. 어제 신랑이랑 살짝 마음 상하는 일이 있어서 2년 만에 혼자 맥주 한잔하고 잠들었습니다. 꿈에서 아기를 안고 가는데 너무 어지러운 거예요. 어지러움을 참으며 걷다가 쓰러지면 딸이 크게 다칠 것 같아 아이들 학원 차량 같은 (안에 초등학생쯤 되는 아이들 서너 명과 운전사가 타고 있었어요) 차문을 열어서 도와달라고 한 다음에 바로 픽 쓰러졌어요.

여차여차 제가 가족들이랑 밥을 먹는데, 다른 방에서는 아이들이 노는 거예요. 실제로는 딸 하나뿐인데 꿈에서는 여섯 명이었어요. 밥을 먹다가 뭔가 싸한 느낌이 들어서 그 방에 가봤어요. 그런데 네다섯 살쯤 되는 두 아이가 따로 놀고, 우리 아기 그리고 우리 아기보다 더 어린 아기가 누워 있었어요. 우리 아기 얼굴에 가벼운 이불이 덮여 있는데 가벼운 면이어서 숨

쉬는 데 문제가 없다고 생각했어요. 다른 아기의 이불도 정리해주었어요. 옆에 작은 아기는 이불이 꽤 두꺼워 치웠더니 글쎄 입안에 종이랑 이물질이 가득 있는 거예요. 놀라서 얼른 이물질을 빼다가 문득 제 딸 생각이 나서 확인하러 가야겠는데, 작은 아기 입에 있는 것을 당장 빼내지 않으면 숨 막혀 죽을 것 같았어요. 처음엔 하나인 줄 알았는데 서너 개 빼고 나서도 두 개 정도 더 남았어요. 딸이 걱정스러워 식사 중인 가족들을 부르려고 소리쳤지만, 입 밖으로 소리가 나오지 않고 목이 꽉 막힌 느낌이었어요. 겨우 "아─" 하는 작은 신음 소리만 나왔어요. 그 소리를 들은 가족들은 무슨 일인가 궁금해하다가 별일 없다는 듯 다시 밥을 먹는 거예요. 그래서 다시 힘줘서 "아!" 하고 소리를 냈는데 그때야 외할아버지께서 무슨 일인지 빨리 가보라고 하는 거예요. 하지만 가족들의 행동은 굼뜨고 저는 어쩔 줄 몰라 하며 작은 아기의 입을 들여다보다가 잠에서 깼어요.

저도 모르게 일어나서 딸아이를 확인하니 잘 자더라고요. 하지만 자꾸만 입속에 뭐가 있나 싶어서 억지로 입을 열다가 아기가 깨버리고 말았어요. 결국 아기는 펑펑 울고 저는 새벽 다섯 시부터 여덟 시 반까지 다시 설핏 잠이 들어 우리 딸 이불을 치워줘야 한다며 전전긍긍하다가 잠에서 깼어요. 이런 꿈은 처음이라 괜히 마음이 찜찜해요.

꿈에 자녀가 등장하면 자동으로 내 아이의 상황을 말한다고 생각합니다. 부모라면 관심과 애정과 염려의 촉이 늘 자녀에게 향해 있기에 어쩔 수가 없나 봅니다. 그런데 꿈은 부모의 이런 '자동 안테나 작동'을 멈추라고 말해줍니다. 꿈에 등장하는 자녀는 대부분 꿈꾼 사람의 어린 시절을 묘사합니다. 동시에 이 모습은 꿈꾼 사람이 앞으로 키우고 가꿔야 할 자신의 미래와도 연관이 있습니다. 꿈에 자녀가 나올 때, 자신의 자녀가 아니라 나의 과거이자 동시에 나의 미래임을 기억하는 것이 중요합니다.

제가 이 꿈을 꾸었다고 상상해보니 가슴이 참 먹먹해집니다. 쓰러져 의식을 잃는 장면으로 시작하는데요. 아마도 어린 시절에 일어났던 어떤 사건에 대한 기억이 없는 상태구나 싶어요. 완전히 망각했던 사건을 꿈이 의식의 표면으로 끌어 올리려나 봅니다. 의식을 잃는다는 표현은 말 그대로 무의식으로 들어간다는 뜻입니다. 무의식이 된다는 건 망각하는 것을 뜻하고요.

어린 시절 문제를 다룰 때마다 비슷한 질문을 받곤 합니다. "여태 모르고 살았으니 그냥 그대로 살면 안 될까요?" "이제 와서 꿈이 그때 일을 다시 끄집어내는 이유가 뭘까요?" "군이 알아야 하나요?"

망각도 무의식이 아이를 보호하는 방식입니다. 아이가 이 사실을 안다면 제대로 살아가기 힘들어질 때, 아이를 보호하려고 무의식은 그 사건을 망각의 방에 가둡니다. 그러다가 이를 충분히 감당하고 다룰 힘이 생겼을 때, 다시 의식의 표면으로 올립니다. 지금이 바로 그 순간입니다.

이 꿈에 놀라운 장면이 있습니다. 기절하는 와중에도 딸아이를 다치지 않게 하려고 도움을 요청해서 딸을 안전하게 보호한 다음에 쓰러집니다. 죽을 것 같은 순간에도 아이를 지켜내는 엄마의 힘은 언제나 감동입니다. 엄마는 아이를 보호하려고 목숨을 건다는 것이 일반적인 믿음이지만 실제는 그렇지 않을 때가 많습니다. 무력한 엄마, 둔감해서 무슨 일이 벌어지는지 잘 모르는 엄마, 알면서도 모르는 척 부인하는 엄마, 자신의 두려움 때문에 입을 막아버리는 엄마, 오히려 현실에서 자주 보는 엄마의 모습입니다. 그래서 이 꿈을 꾼 분이 대단하다고 생각합니다. 이렇게 강인한 분이니 이제 자신의 어린 시절도 제대로 만나고 그 내면 아이도 구해야 할 때입니다.

옆방에서 위험한 상황이 펼쳐지는데 가족들은 외면하고 무시합니다. 아마도 어린 시절 엄청난 폭력이 가해질 때, 가족의 태도가 그랬을 것 같아요. 위험에 빠진 아이를 구하고자 하는 어른은 보이지 않습니다.

아이들이 있는 공간으로 가볼까요. 꿈에서 내 딸로 등장하는 아이와 딸의 친구로 등장하는 다른 아이들의 상황을 보면,

면 이불로 입을 막아놓았어요. 숨은 쉴 듯해서 그냥 지나치는데 결국 작은 아이 모습을 만납니다. 두꺼운 이불을 들추자 아이가 그 안에 있고 아이 입안은 온통 종이나 이물질로 막혀 있습니다. 마치 입을 닥치게 하는 폭력의 현장 같아요. 그래놓고 덮어버린 사건입니다. 이런 일을 굳이 파헤쳐야 할까요? 그 질문에 대한 답이 여기에 있습니다.

꿈 이미지를 살펴보세요. 어른인 내가 가족들에게 도와달라고 하려는데 목소리가 안 나옵니다. 꿈에서처럼 내가 목소리를 내야 하는 중요한 순간마다 목구멍으로 소리가 기어 들어가버립니다. 어릴 때 이미 막혀버렸으니까요. 다시 아픈 과거를 들추는 것은 과거의 끝난 일이 아니라 지금도 나에게 큰 영향을 미치기 때문입니다. 자신이 생각하고 느낀 바를 말하는 것은 한 사람에게 얼마나 중요한 일입니까?

꿈에 이미 치유 작업이 시작됩니다. 아이 입안에 든 이물질을 꺼내고 있어요. 그러자 아주 가늘게나마 '아-' 소리가 새어 나옵니다. 아주 중요한 순간입니다. 그리고 우렁차게 소리가 나올 때까지 막힌 입을 청소해야 합니다. 강제로 틀어막힌 입은 숨 막힘이고 숨죽임입니다. 내 소리를 내 마음대로 내지 못할 때, 목 놓아 울지 못할 때, 죽을힘 다해 도움을 요청해야 하는 절체절명의 순간에 소리가 안 나올 때를 상상해보세요.

부부싸움을 하고 답답해서 맥주 한잔하고 잔 밤에 이 꿈을 꾸었어요. 내 의사표현을 시원하게 하지 못했으니 그 답답함에 시원한 술 한잔이 생각났을 겁니다. 이 상황이 어린 시절 사건의 마중물이 된 건 아닐까요. 한 아이의 엄마가 되고 아이를 키우면서 스스로 힘이 생겼기에 드디어 과거의 이 사건을 다룰 힘이 생겨서 꿈에 나온 것은 아닐까요?

아이를 키우다 보면 지금 자녀 나이에 해당하는 자신의 어린 시절 그때 마음이 같이 건드려집니다. 내 아이가 세 살, 네 살, 일곱 살이 될 때, 부모 자신의 세 살, 네 살, 일곱 살 때가 자극됩니다. 유난히 어떤 시기에 아이와 관계가 힘들어지면, 자신이 그 나이 때 무슨 일이 있었는지를 돌이켜보면 도움이 됩니다. 아이를 키우면서 내 내면에 있는 나의 어린 시절 상처를 다룰 기회가 함께 주어집니다. 그래서 꿈은 참 신비롭습니다. 알수록 놀라운 게 삶이라고 생각합니다.

아픈 과거를 대면하는 일은 누구에게나 쉽지 않습니다. 이제는 선택권이 주어졌어요. 예전에 가족들이 그랬던 것처럼 무시하고 지나칠 수도 있어요. 그러나 그리하면 숨 막힘, 답답함, 미진함, 갈등 상황이나 불편한 상황에 말이 안 나오는 느낌에서 벗어날 수 없습니다. 엄마의 태도는 어떤 식으로든 아이의 양육에도 영향을 미칩니다. 또 다른 선택은 기억을 회복하고 상처를 대면하고 상처에 연루된 감정들을 풀어내는 거예요. 마음 안에 박힌 옹이를 빼내는 겁니다. 그러면 훨씬 자유롭고 건강한 자신을 찾을 수 있습니다. 이것이 문제를 풀어가는 지혜로운 길이지만, 막상 그 길을 가자면 많이 힘들 수 있습니다. 꿈은 이미 그 방향으로 나아가는 것을 명확히 보여줍니다. 막힌 이물질을 빼내는 작업이 시작되었습니다.

이 꿈을 기억했다는 사실 자체가 중요합니다. 어떤 사건을 충분히 다룰 수 있을 때가 오면, 그 꿈을 기억한다는 사실을 잊지 마세요. 놀라운 용기에 찬사를 보냅니다. 앞으로의 작업도 응원하고 지지합니다.

'죽음'이라는 화두

'시간'은 제 인생의 화두입니다. 시간이 흐른다는 것에 대한, 변하는 것에 대한 아쉬움과 두려움이 있습니다. 여기엔 어린 시절 기억이 적지 않게 작용합니다. 초등학교 시절, 몇 개월 동안 잠을 제대로 못 자고 밤만 되면 울음을 쏟은 적이 있습니다. 죽음에 대한 두려움 때문이었는데 왜 그런지 이유는 모르겠지만, 죽음과 관련된 꿈이나 사실감 넘치는 상상이 어린 나를 굉장히 괴롭혔습니다. 자세히 그때 꿈을 이야기하면 다음과 같습니다.

꿈에서 나는 죽은 사람처럼 누워 있었습니다. 정작 죽지 않았는데, 내가 죽었다고 생각한 사람들이 관에 나를 넣고 땅에 묻어버렸습니다. 정신이 돌아왔을 때 나는 사방이 막힌 관 속에 있었습니다. 답답함과 공포가 엄습하고, 관 속에서 아무리 소리를 지르고 꺼내달라고 외쳐도 들어주는 사람은 당연히 없

없습니다. 이러한 '꿈 혹은 상상'은 내가 그 공간에서 얼마나 고통 받다 죽어가는지로 발전하는데, 시간이 흐르면서 관을 뚫고 들어오는 땅속 벌레들과 습기가 느껴졌습니다.

그 기억은 꽤 오랜 시간 나를 괴롭혔고, 죽음과 시간에 대한 화두를 나에게 안겼습니다. 더불어 죽음 이후의 상황을 구체적으로 생각하게 됐는데, '매장 문화'를 극도로 꺼리는 계기가 되기도 했습니다.

초등학생이 이런 꿈에 시달린다면 잠자는 게 공포에 가까웠을 텐데요. 두려움에 떨었을 아이를 생각하면 가슴이 먹먹합니다. 왜 그런지 모르겠는데 어떤 사람은 삶의 가장 심오한 화두를 너무 이른 나이부터 씨름하더라고요. 그런데 이 아이 곁에는 왜 어른이 없었을까요? 아이를 다독여주고 눈높이에 맞게 설명해주는 단 한 사람이라도 옆에 있었다면, 이렇게 고통 받지는 않았을 텐데 안타깝습니다.

어릴 때 이런 꿈을 꾸었다고 상상만 해도 아찔합니다. 말 그대로 '생매장' 이미지입니다. 죽음이 뭔지 미리 체험하는 듯합니다. 요즘 죽음 준비 프로그램에서 관 체험을 한다고 합니다. 아이에게는 정말 가혹한 꿈입니다.

어쩌면 한 층위는 조상들의 상흔일 수 있겠다고 짐작해봅니다. 집안에, 아니면 내가 사는 땅에 얽힌 이야기, 즉 가족이나 집단의 트라우마가 무의식 세계에 섬세한 촉이 있는 사람들에게 드러나는 경우를 꿈작업 도중에 빈번히 확인합니다. 조상들이 못 다룬 상처가 후손에게 이어져 내려가는 것도 자주 봅니다. 예를 들어, 한국전쟁 훨씬 뒤에 태어나 전쟁을 겪지 않은 사람인데 전쟁을 경험한 사람들에게만 나타나는 형태의 꿈을 꿉니다. 물어봤더니 아버지가 6·25때 특수부대 소속이었고 전쟁이 끝나고도 소위 외상 후 스트레스장애PTSD에 시달리다 돌아가셨다는 거예요. 꿈에서는 이렇게 가족이나 조상이 못다 한 숙제들이 그다음 세대에게 어어지는 경우를 자주 만납니다. 가족의 무의식, 집단의 무의식이 꿈에 들어 있습니다. 이를 '유증'된다고 표현합니다. 이런 집단적 층위가 있더라도 동시에 내 개인적 층위도 잘 살펴봐야 합니다. 둘은 언제나 맞물려 있습니다.

제가 상상해보는 이 꿈은 죽는 게 아닙니다. 죽다가 자꾸만 살아납니다. 죽을 것 같은 분위기만 조성해서 차라리 죽으면 뭔가 달라질 텐데 하는 아쉬움이 들 정도입니다. '죽은 듯이 누워 있다'로 꿈은 시작됩니다. 이 모습을 상상해보면, 몸이 굉장히 약한 아이도 이런 느낌일 것 같아요. 아니면 죽은 체해야 하는 상황일 수도 있습니다. 왜 이렇게 무력하게 느껴질까요? 어떤 경우든 나는 옴짝달싹 못한 채 방관하는 수동적인 상태예요. 저는 그다음 상황이 정말 무서운데요.

나를 관에 넣고 묻어버리는 사람들은 도대체 누구일까요? 산 채로 묻는 행위는 최고의 형벌입니다. 고문이나 사형에 해당하는, 당하는 사람에게 극한의 공포를 주는 벌입니다. 의학적으로 생매장 공포증이 있습니다. 그들은 의도적으로, 아니면 정말 죽은 줄 착각해서 꿈꾼 이를 묻었을까요? 여기서 정신을 잃었다가 의식이 돌아왔을 때는 이미 관 속에 있습니다. 의식 속에 묻혀버린 어떤 사건이 관계가 있을 듯합니다.

그들이 의도적으로 묻었다면, 아무 잘못이 없는 나를 사람들이 소외하고 추방한다고 생각할 수도 있습니다. 이 경우 흔히 쓰는 표현이 '생매장당했다'입니다. 만일 그렇다면 내가 '누구 집 자식'이어서 혹은 나 자신에게 붙여진 주홍글씨 때문일 듯합니다. 그다음 이어지는 장면은 '살려달라'는 발버둥인데 여기서 충격적인 묘사가 나옵니다. '들어주는 사람은 당연히 없다'고 합니다. '당연히'라는 말에 체념이 묻어납니다. 죽음에 직면한 상황에서 나의 절박한 외침을 듣고 구하러 올 누군가가 있다는 믿음이 없다면, 얼마나 외롭고 절망적일까요?

이제라도 '누군가'를 찾으라고 말하고 싶습니다. 내 이야기를 마음 놓고 할 수 있는 전문가도 좋습니다. 이 꿈이 어린 시절에 그랬듯이 현재의 나에게도 영향을 미치기 때문에 기억하는 것인 만큼 지금도 온 마음으로 들어줄 누군가가 필요합니다. 거기서부터 시작하면 됩니다.

'당연히' 혼자였던 아이에게 미안한 마음에 편지를 한번 썼습니다.

"○○야, 죽는 게 무섭지? 나도 그래. 그런데 꿈꾸고 나면 안 죽고 깨잖아. 이 꿈은 진짜 죽음이 가까이 찾아왔다는 이야기가 아니라 언젠가는 우리 모두 배워야 할 죽음이 뭔지를 알려주고 싶어서 꿈이 말을 걸었나 봐. 그래도 무섭지? 어른인 나도 그래. 그러니 같이 이야기해보자.

○○는 초등학생이지. 그런데 유치원 다니던 그 아이는 어디 갔지? 곰곰이 생각해봐. 어린이집을 다니고, 유치원을 다니던 아이는 이제 없어졌어. 그래야 초등학생이 된 네가 여기에 있을 수 있는 거야. 사실, 밥 잘 먹고 씩씩하게 놀다 보면 매일 오늘의 내가 죽으면서 더 자라나는 거야. 그렇다고 정말로 네가 사라지는 것은 아니야. 더 큰 네가 태어날 때마다 과거의 너는 자리를 양보하는 거야. 거듭 태어나는 네가 살기에는 너무 작은 몸이니까."

제가 어린 시절부터 이런 꿈에 시달렸고 '죽음', '시간', '영원함'이 지금도 여전히 중요한 화두라면 죽음에 대해 깊이 공부해볼 것 같습니다. 정면 돌파! 나를 괴롭히는 것은 어떤 식으로든 피할 수 없는 게 인생의 이치입니다. 무서워서 도망가면 더 따라다닙니다. 점점 더 위협적으로 되기도 하고요. 차라리 이 '죽음'이란 난제를 한번 심도 깊게 파보는 것이 고통을 덜 수 있는 최고의 방법입니다.

제가 아주 좋아하는 판타지 소설이 있는데, 《어스시의 마법사》입니다. 주인공 게드가 마법 대결을 하면서 죽은 자의 영혼을 불러내는데, 나와서는 안 될 그림자까지 딸려 나오고 맙니다. 게드가 그림자의 추격을 받아 도망을 다닙니다. 가급적 멀리 달아나려고 온 지구를 도망 다니다 아주 지쳤을 무렵 스승을 만납니다. 스승은 게드에게 "너의 방향이 틀렸다. 뒤돌아서라. 네가 그림자를 쫓아라." 스승은 도망을 다니는 것만이 최선이 아니라고 말합니다.

평생을 따라다니는 '죽음'이라는 화두에서 달아나는 대신 게드처럼 먼저 찾아 나서면 어떨까요? 달아나고 회피하는 방식은 '생매장'이라는 고통을 줄 뿐입니다. '죽음'이란 주제를 제대로 한번 탐색해보세요. 모든 종교, 모든 지혜서가 한결같이 죽음을 신비라고 표현합니다. 삶과 죽음의 관계는 역설적입니다. 삶은 매 순간 죽음의 깊이가 필요합니다. '죽음을 기억하라'는 메멘토 모리Memento mori에서도 삶은 죽음의 연속이며, 처음부터 삶 안에는 죽음이 내포되어 있음을 말해줍니다. 죽음의 비밀 그 언저리에 '죽을 만큼' 충만하게 사는 삶의 비밀도 같이 있을 거예요.

죽어도 괜찮아

어젯밤 꿈에 5년 전 돌아가신 어머니가 나타나 "너도 '고니'를 한번 먹어봐라"라고 말했습니다. 저는 '내 심장도, 폐도 안 좋지만, 그게 뭐 도움이 될까'라고 생각했습니다. 그런데 어머니는 엉뚱하게도 "고니를 먹으면 다리에 새살이 난대"라고 덧붙였습니다. 저는 비루하고 행복하지 않은 삶이 더 길어지는 것이 싫어 어머니에게 살짝 짜증 섞인 투로 "그냥 내버려둬"라고 말했습니다.

그러면서 어머니를 봤더니 입속은 검붉은색으로 박제가 된 듯 굳어 있고 아래턱부터 몸통은 없었습니다. 저는 속으로 생각했습니다. '어머니 입이 왜 저렇게 빨갛게 굳어 있을까? 많이 아프겠는데, 어쩌지……?'

그 순간 제 손에 들려 있는 것이 보였습니다. 돌아가신 친정아버지의 무릎부터 발까지 박제된 발이었습니다. 누가 보면 그런 걸 갖고 있는 저를 이상하게 볼까 봐 슬그머니 그 발을 밀어놓았습니다. 그때 꿈에서 깨어났고, 뇌졸중으로 몸에 마비가 와 무릎이 굽어진 채로 돌아가신 아버지가 떠올랐습니다. 아버지 때문에 어머니와 우리 가족은 많이 힘들었습니다. 지금 현재 저는 별로 아프지 않습니다.

꿈 제목을 '죽어도 괜찮아'로 붙였는데, 우리는 대개 두 가지 상반된 경우에 이렇게 말합니다. 삶이 충만하고 감사해서 더는 바라는 게 없을 때와 또 사는 게 별반 새롭지도 뭔가 신통한 기대를 할 것도 없어 살았으되 죽은 것 같을 때입니다. 생기가 우울로 눌리고 생명의 싹을 거듭 묻어버리면 삶과 죽음은 별반 다르지 않습니다. 이 꿈 제목은 후자에 해당하는 것 같습니다. 이런 상황일 때 꿈은 무슨 말을 해줄까요?

제가 이 꿈을 꾸었다고 상상하면 삶과 죽음이 혼재되어 혼란할 듯합니다. 박제된 엄마의 입과 박제된 아버지의 다리를 끌어안고 산다는 게 무슨 의미일까요? 어쩌면 나의 현주소를 제대로 보라고 이런 섬뜩한 악몽으로 나를 깨우려는 것은 아닐까요? 나에게 부모님은 돌아가신 분인가요? 어쩌면 부모님이 못다 한 삶을 유증받아서 그 무게에 짓눌려 내 몫의 삶을 살지 못하는 건 아닌가요? 그렇다면 이건 참 잔혹한 드라마입니다.

실은 윗세대가 살아내지 못한 몫이 다음 세대로 유증될 때

120

가 많습니다. 정도의 차이만 있을 뿐입니다. 평생 치열하게 부모의 몫이나 부모의 영향에 적응하면서 만들어진 나와 본성대로의 나를 구분하기 위해 노력합니다. 부모의 비중이 클수록 자신의 삶을 살아가야 하는 일생의 과업은 더 어려워집니다. 이 꿈은 이 과업과 연관되어 보입니다.

이 유증된 과제와 관련해서 이 꿈의 핵심 단어는 '박제'입니다. 두 번이나 등장하는데 박제는 무엇인가요? 짐승이나 새를 죽여서 살아 있을 때 모습을 보존하는 전리품 같습니다. 그 나름의 의미는 있을지언정 옛 조상의 관점에서 보면 죽음도 삶도 존중하지 않는 기이한 취향이라 말할 법합니다. 죽음은 온전히 자연으로 돌아가는 것이고, 장례는 최고의 정성과 예를 갖추는 의례였으니까요. 박제는 영구적인 삶을 뜻할까요? 죽음의 과정이 정지되었다고 봐야 할까요? 아니면 영원함에 대한 인간의 근원적 회구가 이런 방식으로 표출되는 것일까요?

우리말에 '박제되었다'라는 표현은 신체 일부가 기능할 수 없을 정도로 굳었다는 뜻입니다. 저는 정신도 박제된다고 생각합니다. 꿈에서는 어머니의 입과 아버지의 다리가 박제되었습니다. 턱부터 몸은 없고 검붉게 박제되어 아픈 입과 마비된 다리는 나에게 각인된 어머니와 아버지의 표상과 같습니다. 이 이미지가 말해주는 어머니와 아버지의 삶은 어땠을까요?

엄마는 신음 한번 못 내고, 힘들게 살아온 분이실 듯합니다. 그래서 입이 박제된 모습으로 나타난 것 같습니다. 아버지의 마비된 다리는 의지대로 제대로 움직일 수가 없으니 자유로움이 대단히 제한적이고 두 발로 굳건히 땅을 딛는 데 어려움이 있었을 것 같습니다. 대단히 안쓰럽고 마음이 아파서 꿈꾼 이가 아버지의 다리를 안고 사는 것 같아요. 그런데 중요한 것은 어머니와 아버지의 모습이 지금 자신의 모습은 아닌가 하는 점입니다. 이것이 내 상태를 비추는 마음의 거울과 같은 이미지일지도 모릅니다.

'박제화'는 나의 상태입니다. 꿈의 앞부분이 '박제화' 과정을 보여주는 듯합니다. 꿈꾼 이는 '내버려둬', '뭐가 신통한 게 있다고', '나아질까?' 하는 의문을 품습니다. 활기차게 뛰어야 할 심장과 폐가 아픈데, 생명을 유지하는 데 필요한 활동을 태업하는 자세, 이것이 나를 박제화하는 시작이라고 생각됩니다. 이 순간 엄마의 입이 확 보여요.

'아프겠다'라는 공감 그리고 내가 안고 사는지도 모른 채 들고 있던 아버지의 다리를 슬쩍 내려놓는 대목, 저는 여기가 전환점으로 보입니다. '내버려둬'는 우울증의 표상입니다. 이미 심장도 폐도 아파요. 절대 이 상황에서 벗어날 수 없을 것 같은 절망이 '박제화'를 가속화합니다. 박제화된 '엄마의 입'과 박제화된 '아버지의 다리'를 확인하는 순간, 자신이 이걸 들고 살았 구나 하는 자각을 합니다. '이걸 왜 들고 있지?', '내가 어디에 있 지', '내 상태는 어떻지?' 그림을 선명하게 보고 나면 이전과는 다르게 행동합니다.

어머니가 아니라 나 자신이 제대로 표현하지 못하고 입이 박제화된 것입니다. 물론 어머니나 아버지도 그랬을 가능성이 높지만, 어머니의 박제화와 나의 박제화는 다릅니다. 죽은 아버 지의 다리를 안고 사는 사람은 바로 나입니다. 사실은 내 다리 이고요. 아프다는 건 '박제화'가 덜 되었다는 뜻입니다. 완전히 박제화되면 아프지도 않거든요. '아프다'는 것은 살아 있다는 징표입니다.

꿈에서 두 분을 친정 부모님으로 묘사한 것을 보면 본인이 꾸린 가정이 있다는 것인데, 왜 내 품에 자식이 아닌 죽은 아버 지의 다리가 있을까요? 치료기법 중에 '가족 세우기'가 있습니 다. 부모가 자녀의 등 뒤에서 응원과 지지를 보내는 것입니다. 세대 간 에너지는 이렇게 흘러야 순리입니다. 원가족은 더 이상 내 가족이 아닙니다. 혼인을 함으로써 졸업한 가족입니다. 과거 는 등 뒤에 있어야 연결되고 든든한 버팀목도 됩니다. 지속하기 도 싫은 '비루하고 행복하지 않은 삶'의 주요한 원인이 내가 과 거를 앞으로 끌어안고 있어서 나의 미래가 있을 자리가 없어서입니다. 현재의 상황을 제대로 직시하라고 악몽으로 나타난 거예요. 충분히 본인이 감당할 수 있기에 꿈을 기억하는 겁니다. 무의식은 내가 감당할 수 있다고 확인했고 이제 이 숙제를 할지 말지 결정하는 것은 나의 몫입니다. 슬그머니 놓아버린 다리는 이미 그 숙제를 풀기 시작했다는 뜻입니다. 내 삶의 박제화는 내가 생각한 만큼 심각하게 진행되지 않았다는 이야기입니다. 아픔을 느낄 수 있으니까요. 그럼에도 이 쉽지 않은 난제를 풀려면 어떻게 해야 할까요. 꿈은 해결의 실마리를 던져줍니다.

박제된 삶의 해독제가 '고니'라고 생각합니다. 고니는 백조의 순 우리말입니다. 어원을 설명할 때 백조가 하도 고와서 '고은'이라 부르다가 고니가 되었다는 설이 있습니다. 호수 위에 우아하게 떠 있는, 눈부시게 하얀 고니 떼들, 긴 목을 움직일 때마다 곡선의 유려함이 아름답습니다. 노란 밀밭 위를 나는 고니 떼를 떠올리기만 해도 이 어원 풀이가 맞는지를 떠나 심정적으로는 그럴듯합니다. 우아함과 아름다움의 표상인 고니는 〈백조의 호수〉를 비롯해 《미운 오리 새끼》까지 문학 작품과 음악에 빈번히 등장합니다. 이 새가 예술가의 상상력을 꾸준히 자극해온 증거입니다. '고니를 먹는다'는 것은 아름다움을 섭취해 나의 피와 살로 만든다는 뜻입니다. 우울의 원인은 무척 다양하지만 아름다움의 부재에서도 찾습니다. 아름다움은 고단함과 무감각으로 굳어진 생명을 되살리는 최고의 해독제이기도 합니다.

고니를 곤이라고도 하는데, 물고기 알을 뜻하기도 하죠. 영양적으로는 고단백인데, 물고기의 다산성을 생각해보면 원초적 생명의 시작을 의미하기도 합니다. 외국어에서 유사한 단어를 찾아보는 것도 도움이 됩니다. 무의식이 보내는 정보는 가늠하기 어려워 문득 '아, 이것도 말이 되네!' 할 수가 있거든요.

고니를 먹으면 다리에 새살이 돋아난다고 말합니다. 다리는 내가 안고 살던 아버지의 마비된 다리와 겹쳐집니다. 마비된 다리에 살이 돋고 박제화된 곳에 생명이 깃든다고 이야기해주는 이 악몽이 오히려 고맙기까지 합니다. 악몽은 나에게 괴로움을 주려는 게 아니라 시급함을 알려주는 신호입니다. 좋은 꿈이나 나쁜 꿈이라는 것은 없습니다. 꿈은 언제나 내 건강과 성장을 도와줄 뿐입니다. 슈베르트 〈백조의 노래〉에는 '가슴을 열어주세요. 연인이여, 내 말을 들어요. 그리움에 떨며 그대를 기다리고 있잖아요. 어서 와서 나를 기쁘게 해주세요'라는 구절이 있습니다. 이 꿈이 꿈꾼 이를 위한 백조의 노래라는 생각이 들어요. 이런 멋진 꿈을 꾸는 사람인데, 삶을 지속하기 싫고 당장 죽어도 괜찮다고 생각한다면 그건 순전히 잘못된 생각이에요. 자신을 너무 모르기 때문에 하는 생각입니다.

할머니와의 이별

몇 년 전에 돌아가신 할머니가 꿈에 나타났어요. 저희 할머니와 저는 마치 엄마와 딸 같은 관계였습니다. 어렸을 때부터 저를 키워주셨고 그래서인지 손자손녀 중에서도 유독 저를 예뻐하고 사랑해주셨습니다. 그런 할머니께서 10년 전 갑자기 쓰러지셨고, 얼마 후 저희 곁을 떠나셨습니다. 그때 당시 저는 미국에 있었기 때문에 할머니의 마지막 순간을 함께하지 못했어요. 할머니의 임종 소식을 듣고 난 그날 밤 한참을 울다가 잠들었는데, 꿈에 할머니가 나왔습니다.

구름 사이로 빛이 새어 나오고, 온 세상이 눈부시게 밝아 정말 아름답다고 생각했습니다. 마치 구름 위 천국과 같은 느낌이었어요. 거기에 수십 개의 문이 쭉 있었고, 저를 포함한 많은 분이 문이 열리기만을 기다렸습니다. 마치 공항에서 가족을 기다리는 사람들처럼 모두 설레는 마음으로 기다리는 분위기였어요. 그리고 한 안내자가 문 안쪽의 세상을 설명해주고, 저는 꿈에서 '아~ 나도 저 안에서 살고 싶다'라고 생각할 정도였어요.

그러고 나서 영화처럼 문이 활짝 열리더니 안에서 사람들이 쏟아져 나왔습니다. 그 속에 저희 할머니가 계셨어요. 저는 반가운 마음에 할머니의 손을 잡고 "할머니~ 할머니~ 나도 할머니랑 저기 안에 갈래요" 하고 말했습니다. 할머니는 너무 밝고 아름다운 모습으로 "ㅇㅇ아, 할머니가 자주는 아니어도 2, 3년마다 꼭 올게"라고 하시더니 다시 떠나가셨고, 저는 꿈에서 깼습니다.

잠에서 깨자마자 할머니가 나를 보러 오셨다는 생각에 마음이 따뜻해졌어요. 제가 할머니를 너무 보고 싶어 해서 꿈에 나오신 걸까요? 몇 년 전 꿈이지만 그 장면 하나하나가 너무도 선명하게 기억납니다.

할머니를 정말 많이 사랑하셨나 봐요. 할머니가 손녀딸을 얼마나 사랑하셨는지는 꿈에서도 느껴집니다. 이런 할머니가 계셨다는 것은 인생의 크나큰 선물입니다. 꿈꾼 이가 멀리 있을 때 이처럼 특별한 분이 돌아가셨으니 얼마나 황망했을까요? 가까운 사람의 임종도 장례식도 참석하지 못하면 헤어짐이 제대로 이루어지지 않습니다. 만남처럼 이별도 삶의 한 부분으로 자연스러운 일입니다. 임종과 장례는 하나의 이별 과정으로, 그 존재가 없는 세상을 살아갈 마음의 준비를 하는 시간입니다. 이 별의 슬픔을 표현하며 받아들이는 과정입니다. 입관을 포함해 장례 과정은 살아생전 할머니와 내가 함께한 관계에 마침표를 찍는 의례입니다. 그렇다고 그리움마저 사라지지는 않습니다. 저는 삼년상이라는 우리 전통이 참 지혜롭다고 생각합니다. 저 한테는 이 정도 기간은 필요하더라고요.

꿈에서 깨면서 할머니가 나를 보러 오신 것 같다고 느꼈는데, 저도 그렇게 생각합니다. 사랑하는 사람이 세상을 떠날 때, 또는 사망 직후에 종종 이런 꿈을 꿉니다. 각자의 꿈이 고유하기에 같은 톤으로 꾸는 것은 아니지만요. 이른바 '인사하러 왔어'라고 하는 꿈은 빈번히 듣습니다. 아마 할머니는 인사뿐 아니라 정말 중요한 선물도 나누어주려고 했던 것 같아요.

할머니가 계신 곳이 너무 아름답고 찬란해서 나도 이곳에 살고 싶다는 마음이 들었는데요. 할머니는 생전에 다정하고 인자하고 무조건 기댈 수 있는 분이었던 것 같습니다. 그런데 돌아가시면서까지 죽음에 대해 두려움이 아닌, 아름다운 세상으로 가는 거라는 가르침을 주신 것 같습니다. 물론 이 천국 같은 이미지는 투사입니다. 그러나 이런 죽음의 이미지를 갖고 나의 임종을 맞는 것과 아닌 것에는 차이가 큽니다. 누구든 언젠가 죽음을 맞습니다. 이 꿈은 어떤 식으로든 나도 직면하게 될 '죽음'에 대한 두려움을 덜어줍니다.

할머니가 계신 곳에 대한 묘사가 참 재미있습니다. 천국 같은 곳에 수많은 문이 있습니다. 문을 여닫는 게 너무 중요한가 봐요. 언제나 있는 문도 아니고, 언제나 닫혀 있는 문도 아닙니다. 문이 관문이라면 제일 안까지 가고 여기까지 나오려면 여러 절차가 있어야 하니 쉽게 오갈 수 있는 곳은 아니라는 뜻도 됩니다. 그 모습이 마치 공항 같다고 했는데, 왜 하필 공항일까요?

공항에 가면 출국하는 사람이 출국장 안으로 들어서는 순간 더는 가족이나 친구가 따라가지 못합니다. 배웅하는 사람이 있는 쪽과 그 문 너머에 있는 사람 사이에 넘나들 수 없는 금줄이 선명하게 쳐져 있습니다. 죽음과 삶의 경계를 우리에게 친숙한 이미지로 설명하는 것 같습니다. 저세상으로 가는 데도 비자가 필요할까요? 비자보다 노자가 필요할지 모르겠네요.

공항은 비행기를 타는 곳입니다. 비행기는 물도 땅도 아닌 공기 사이로 이동합니다. 바람과 공기와 숨결은 모두 영靈을 상징합니다. 육신을 놓고 영혼이 가는 곳이 천국이든 지옥이든 황천이든 저승이든 꿈과 신화에서는 한결같이 '육신의 죽음은 끝이 아니다'라는 메시지를 선명하게 드러냅니다. 영성적 여정을 묘사할 때, 꿈에서는 탈것을 비행기로 등장시킵니다. 가끔 대양을 건너는 배가 등장하기도 하지만 느낌이 조금 달라요.

이러한 꿈을 꾸지 않았다면 할머니의 죽음을 어떻게 받아들였을까요? 소중한 이의 죽음이 너무나 황망해서 상실감이 꽤 컸을 테지만 이 꿈을 통해 할머니의 죽음을 이해하고 수용하는 데 도움이 되었을 거예요. 그럼에도 여전히 마음이 허전하고 안타까울 겁니다. 임종을 함께하지 못해 더욱 오래 남을 텐데 자기 나름대로 할머니와 이별식을 가져보는 건 어떨까요? 못다 한 이야기를 하고 작별인사도 하고 임종을 함께하지 못한 아쉬움도 털어놓으세요. 마침표를 찍지 못한 할머니와 나의 관계가 아름답게 마무리되며 할머니를 더욱 사랑하는 계기가 될 것입니다.

자살한 시아버지

시아버님께서 돌아가신 지 한 달 정도 되었습니다. 병환으로 돌아가신 게 아니라 스스로 목숨을 끊으셨습니다. 평소 성격으로 봤을 때 절대 상상도 할 수 없는 일이라 가족들에게는 너무도 큰 충격이었습니다. 그러던 중 제 꿈에 나타나셨어요.

꿈에서 본 모습은 실제 존재하는 분처럼 생생했어요. 평소 옷차림을 하고 밥상에서 혼자 식사하셨는데, 그 모습은 다른 식구들에게는 보이지 않고 저에게만 보였습니다. 식사를 마친 후 제가 왜 자살을 선택하셨냐고 물으니 평소 먹는 게 힘들었다고 하시면서 저랑 부둥켜안고 눈물을 흘리셨습니다. 그런 후 웃는 모습으로 지금 자신이 있는 곳에서는 뭔가를 만들면 선물을 준다면서 시아버지가 만든 조금 특이하게 생긴 커터칼을 보여주셨습니다. 또 만들면 선물을 받기로 했다고 자랑도 하셨고요. 이때 표정은 웃음 띤 얼굴로 행복해 보이셨습니다. 그러고는 사라지셨고 바로 전화하셨어요. 그래서 제가 자주 전화하시라고 했더니 말씀이 없다가 전화하기가 힘들다고 하셨어요. 그때 꿈에서 깼어요.

자살은 죽은 자에게도 가장 힘든 선택이지만 남겨진 자들에게도 너무나 큰 고통을 안겨줍니다. 돌아가신 지 한 달 정도면 여전히 충격에 휩싸여 있을 때입니다. 그래도 이 꿈을 꾸고 나서 마음이 한결 가벼워졌으리라 짐작됩니다. 부둥켜안고 우는 모습이나 식사하는 모습이 저한테도 위안이 됩니다. 식사를 마치고 "왜 그러셨어요?"라고 묻는 대목이 있는데, 꼭 묻고 싶은 질문이죠. 제가 이 입장이면 골백번 더 혼잣말로 물었을 것 같아요. 꿈에서 시아버지가 답을 합니다. "먹는 게 너무 힘들었다." 이 말은 영적 고갈이 힘들었다고 해석할 수 있습니다.

한국 전통에 죽은 사람들을 불러서 못다 한 말을 다 하게 하고 보내드리는 의례가 있습니다. 무속^{巫俗}에서 발전했는데, 특히 억울하게 죽거나 객사하거나 비참하게 죽었을 때, 예전에는 반드시 이런 의례를 올렸습니다. 저는 치유적 관점에서 대단히 훌륭한 전통이라 생각합니다. 물론 죽은 자를 위한 것인지는 판단하기 힘듭니다. 산 자를 위해서는 대단히 도움이 되는 조상의 지혜입니다. 심리학이라는 학문이 만들어지기 훨씬 이전부터 존재했던 심리적 요법입니다.

자살 이야기를 좀 더 할게요. 자살은 감히 '실수'라고 말씀드립니다. 자살을 시도한 사람들 대부분은 진짜 죽고 싶어서가 아니라 살고 싶어서 자살을 선택합니다. '이대로 못 살겠다'는 선포입니다. 꿈에서 사람이 죽으면 기존에 내가 죽고 새로 변화하고 성장한 내가 태어난다고 합니다. 꿈에서 죽음과 부활은 이어진 드라마이지 죽고 끝나는 경우는 없습니다. 자살하는 꿈을 꾼다면 이 커다란 변화와 성장이 나의 의지로 이루어진다는 말입니다. 이대로 못 살겠다면 뭔가 근원적으로 달라져야 합니다. 꿈에서 죽듯이 '상징적으로 죽어야 하는데' 실제 목숨을 끊어버린 것이라 죽음과 부활 드라마가 현실에서는 중단됩니다.

언젠가 저의 스승 중에 자살하고 싶다는 사람에게 "죽고 싶으면 죽어라" 하고 말하는 것을 들은 적이 있습니다. 이 분야에서 최고의 권위자가 학생들 앞에서 그런 말을 했으니 충격이 컸습니다. 그런데 잠시 뒤 "단, 절대 몸을 다치게 하지는 말라"고 덧붙였습니다. 꿈에서는 죽었다 해도 다음 날 아침 다시 멀쩡하게 눈을 뜹니다. 모든 자살이 실은 '꿈에서 죽는' 상징적 죽음, 즉 근본적 변화를 원하는 것입니다. 자살을 실수라고 말한 이유입니다.

이 꿈에 시아버지가 저 너머 세상에서 묘한 형태의 커터칼을 만든다고 했는데 아주 예리한 칼이죠. 이는 날카로운 이성의 힘을 뜻합니다. 제 꿈이라 상상하고 자유롭게 해석해보면, 칼을 만드는 이유가 '사실적 죽음이냐 상징적 죽음이냐가 헷갈렸으니 이성을 날카롭게 연마하는 일을 해라'라고 숙제가 주어졌기 때문인 듯합니다. 자살은 미완의 드라마여서 죽더라도 숙제는 계속해야 한다는 게 저의 발칙한 상상입니다.

이 꿈은 시아버지의 선택과 시아버지의 삶을 이해하는 계기가 될 것 같아요. 내 꿈이라 내가 시아버지에게 투사한 내용일 확률이 높겠지만, 시아버지의 선택을 어느 정도는 이해하게 됐을 것 같아요. 이제야 비로소 진정한 애도를 할 수 있겠네요.

각자의 이야기를 들어보면 이해하지 못할 삶은 없습니다. 꿈은 꿈꾼 사람의 이야기를 상징과 은유로 함축해서 표현하기에 꿈을 들으면 그 사람을 이해하는 데 큰 도움이 됩니다. 저는 제 꿈은 물론 다른 이들의 꿈을 듣는 걸 업으로 삼는 사람이라 인간에 대한 이해의 폭이 넓어졌습니다. 이해가 안 되는 사람을 만나면 저 사람도 놀라운 꿈을 꾸는 사람이라는 사실을 기억하려 애씁니다. 꿈 이야기를 들으면 이해하지 못할 사람은 없으니까요.

가족들과 이 꿈 이야기를 나눠도 좋겠습니다. 시아버지의 자살이 각자에게 주는 충격을 공유하고 아버지에 대한 이해의 기회를 마련할 수 있을 것입니다. 건드리고 싶지 않은 주제라 아무도 입 밖에 올리고 싶지 않겠지만 그건 누구에게도 도움이 되지 않는 방식입니다. 어려운 이야기를 꺼낼 때 꿈 이야기로 시작하면 대화의 물꼬를 트는 데 도움이 됩니다.

선친과 단둘이 드라이브

저는 인천에 사는 마흔아홉 살 남성입니다. 몇 년 만에 꿈에 선친이 나왔습니다.

처음에는 가족이 모인 방 같은 데 집안 친지들이 모여 있습니다. 작은어머니와 작은아버지께서 제가 가난하다며 면박과 핀잔을 주시면서 뭘 가져왔냐고 하십니다. 저는 양주 100병을 가져왔다며 이제 가난하지 않다고 큰소리쳤고 차에 가서 양주를 가져왔는데, 어느새 두 분은 사라지고 제 부모님이 나왔습니다.

어머니께서 배를 깎아 아버지께 드리고 그걸 맛있게 드시는 아버지의 얼굴이 참 편안하고 행복해 보였습니다. 술이 모자란다며 어머니가 술을 더 가져오라고 아버지에게 심부름을 시켰습니다. 저와 아버지가 술을 가지러 가기 위해 제 차를 타고 가게 되었습니다.

근데 술을 드신 아버지께서 음주운전을 하셨고 자유로를 달리시며 조수석에 앉은 제게 물어보시더라고요. '끼어들기 가능' 푯말을 가리키며 그럼 여기서 "끼어들어도 되는 거니? 아들아"라고 물어 "네" 하고 답하면서 바로 꿈에서 깼습니다.

돌아가신 아버지와 단둘이 드라이브하는 게 너무 행복했고, 선친의 선하고 편안한 얼굴을 보니 잠을 깨고 나서도 눈시울이 뜨거워졌습니다. 늘 그립고 보고 싶던 아버지를 꿈에서라도 뵙게 되어 행복했습니다. 이 꿈은 제게 뭘 말하고 싶어 한 걸까요?

저한테 아버지는 언제나 가슴 설레게 그리운 말입니다. 꿈꾸신 분도 그러신가 봐요. 아버지와 자유로를 운전해서 마음껏 달린다면 얼마나 신이 날까요? 실제 자유로를 달리다 보면 개성, 평양이라는 방향 표지판이 나옵니다. 남북통일의 염원이 담긴 도로여서 그런지 마음껏 질주해서 만주로 연해주로 대륙을 향해 거침없이 달려가는 꿈을 꿀 수 있는 길이란 느낌이 물씬 납니다. 꿈에서는 실제 파주, 문산을 잇는 구체적 도로명이 아니라 일반적으로 말하는 '자유의 길'일 수도 있겠습니다. 이 꿈에는 '그랬으면 좋겠다' 하는 깊은 갈망이 듬뿍 묻어 있습니다. 바람을 가르며 달리는 질주는 깊이 내재한 인간의 본성인가 봅니다.

왜 자유의 길에 대한 갈망이 이토록 큰지 생각해봅니다. 가족 모임에서 일어난 일이 그 원인은 아닐까요? 다른 가족분이 가난하다고 면박과 핀잔을 줍니다. 그래서 내가 들고 온 것을 내보여 가난하지 않다는 걸 입증합니다. 양주 100병은 뭘 의미할까요? 웬만한 양주는 가격이 꽤 비쌉니다. 과장된 숫자로 이제 가난하지 않다고 큰소리치는 모습이 씁쓸합니다.

이윽고 작은어머니와 작은아버지는 꿈의 스크린에서 퇴장합니다. 그 자리에 돌아가신 아버지와 어머니가 등장하네요. 꿈에서 과거를 소환하는 이 모습이 지금 나의 드라마가 시작되는 순간입니다. 여기서 어머니의 태도가 의아합니다.

어머니가 아버지한테 배를 깎아줍니다. 아름다운 모습이죠. 그런데 곧바로 술 심부름을 시킵니다. 심부름은 주로 아랫사람한테 시키는데, 성인인 꿈꾼 이도 있는데 굳이 아버지한테 술 심부름을 시키는 이 장면은 뭘 뜻하는 걸까요? 이게 단적으로 부부 관계를 보여주는 것이라면 집에서 아버지의 서열이 보입니다. 아버지와 함께 꿈꾼 이도 심부름을 갑니다. 동병상련인가요?

꿈에 처음부터 끝까지 술이라는 단어가 등장합니다. 삶에서 술이 중요한 열쇠인 것 같습니다. 과장된 양주 100병이 있고 그 뒤에 "술이 모자라다", "술을 더 가져와라"가 이어집니다. 이런 말이 자주 나오는 집에서 자란다면 아마도 집에서 벗어나고 싶은 욕구가 강할 텐데, 여기서 자유로를 달리는, 자유를 갈망하는 마음이 생겨난 건 아닐까요?

좀 더 상상의 나래를 펼쳐보면, 아버지는 실향민이었는지, 그에 준하는 깊은 상처가 있었는지 궁금해집니다. 술과 가장 깊게 연관된 감정은 슬픔이거든요. 깊은 슬픔을 가슴과 몸에 묻고 사는 사람들이 그 마음을 채울 수 없을 때 쉽게 술에 의존하기 때문입니다.

술의 또 다른 비밀 중 하나는 평등입니다. 수직의 위계나 계층의식이 강한 문화권에서는 술 소비량이 엄청납니다. 한국이 대표적인 나라입니다. 낮에 위계로 인한 스트레스를 밤에 술을 마시며 풀어주기에 폭발하지 않고 사회가 유지되는지도 모르겠습니다. 그러나 그에 따른 폐해가 만만치 않습니다.

꿈 마지막 대목에 끼어들기 표식은 왜 등장했을까요? 어쩌면 아버지는 일생 '양보하기'가 삶의 표식이었을까요? 그래서 술기운과 자유로가 더해져서 끼어들기라는 용기를 냈는지 모르겠습니다. 그리고 중요한 다른 투사가 일어나는데, '끼어들기 가능' 표식과 "끼어들어도 되는 거니? 아들아"에서 '아들아'에 방점이 찍힙니다. 음주운전을 하는 아버지 차에 동승한 만큼 아버지의 삶, 아버지의 미완의 숙제가 제 앞길에 끼어드는 것은 아닐까요? 이때 '예'라고 대답하면 안 된다고 생각해요. 가족으로부터 독립해 자신만의 인생을 사는 것이 중요합니다. 가정이나 사회에 적응한 나의 모습은 내 본성과 일치하지 않습니다. 이를 극복하고 본래의 나를 찾는 과제는 너무나 엄중해서 남의 삶, 남의 길에 끼어들 만큼 여유롭지 않습니다. 아마도 이 꿈은 이 질문에 '예' 혹은 '아니오'를 하는지 나를 시험해보는 것 같습니다.

　흔히 주도적인 인생을 이야기할 때 운전석에 앉았는지, 조수석에 앉았는지에 비유합니다. 운전석에 앉아 자기 인생을 주도적으로 이끌어가야 합니다. 그런데 여전히 돌아가신 아버지가 핸들을 잡고 있습니다. 맑은 정신으로 본인이 핸들을 잡고 자유의 길을 달리는 기분은 과연 어떨까요? 그러기 위해서는 무엇보다 아버지와 선을 긋는 데서 시작해야 합니다.

여덟 살 딸의 돼지꿈

설을 앞두고 여덟 살 딸이 아침밥을 먹으면서 뜬금없이 꺼낸 꿈 이야기인데요. "엄마, 나 엄청나게 재미있는 꿈을 꿨어. 세상에! 꿈속에서 돼지에게 날개가 있더라고. 그 돼지가 신기해서 다가가는데 조금 두렵기도 했어. 그런데 그 돼지가 내가 가야 하는 길 가운데를 가로막는 거야. 슬금슬금 지나가는 게 재미있었어, 날개도 신기하고."

이 꿈 이야기를 듣고 저는 복권을 샀는데 역시나 꽝입니다. 어린아이가 꾼 꿈도 어떤 의미를 담고 있을까요?

아이 꿈을 귀담아 들어주는 엄마가 있으니 이 아이는 행복하겠습니다. 꿈이 성장과 건강에 필요한 중요한 의미를 지닌다는 것은 남녀노소, 연령, 인종과 상관없이 누구에게나 해당합니다. 아이들 꿈도 굉장히 중요합니다. 아이들 꿈은 동화나 신화와 너무 닮아서 들어보면 재미있습니다. 어른들 꿈도 그렇지만 그보다 훨씬 옛이야기 같아요. 재미는 있지만 공부하는 입장에서는 결코 호락호락하지 않습니다. 훨씬 어렵습니다.

어린이 꿈과 관련해서 기우를 하나 말씀드릴게요. 아이들은 꿈이 무슨 의미인지에 관심이 없습니다. 날개 달린 돼지는 뭘 할까? 새처럼 하늘에서 살까? 돼지처럼 땅에서 살까? 공중에서 똥 누나? 뭘 먹으면 나도 날개가 생기지? 내 앞에 버티고 섰는데 내가 다가가면 어떻게 나올까? 이런 것을 재미있어 해요.

아이의 꿈 이야기를 듣고 난 후 엄마가 "날개 달린 돼지는 어떻게 생겼어? 한번 그려볼까? 무슨 색이야? 핑크빛? 아니면 무지개 색?" 하고 질문하면서 대화를 해나가면 어떨까 합니다. 돼지라고 말하지만 지상에 존재하지 않는 동물일 수 있습니다. 돼지가 날개를 달고, 물고기에 발이 달리고, 동물이 사람 말을 하는 등 이런 상상의 세계를 보호하고 존중해주는 게 부모님이나 선생님이 해야 할 일입니다.

그리고 "꿈 정말 멋지다!" 하고 호응해주면 다섯 살 무렵 아이들은 꿈의 후속편을 즉석에서 만들어내기도 합니다. 어디까지 꿈이지? 꿈이 살아서 발이 달렸으니 알 길이 없습니다. 아인슈타인은 지성보다 상상력이 훨씬 중요하다고 말했습니다. 꿈을 가지고 놀면 상상력은 무럭무럭 자라납니다. 꿈이 놀랍고 신비한 세계라는 사실을 잊지 않게 도와주세요.

손윗동서의 임신 소식

저는 수능을 앞둔 고3 딸을 둔 엄마입니다. 아이 대학 진로 문제로 선생님 상담을 다녀온 후 여러 가지 고민이 많은 하루였습니다. 늘 믿는 아이라 스스로 잘하겠지 했는데, 성적도 진로도 많은 부분에서 아이의 현실과 괴리가 있고 한계가 보여 대입 결과가 많이 걱정되고 속상했습니다. 그날 저녁에 이런 꿈을 꿨습니다.

손윗동서가 꿈에 나와 임신 소식을 들려주었습니다. 아들이라는 소식에 겉으로 축하하면서도 내심 참 부러웠어요.

실제로 형님네는 딸 셋이고, 저는 아들과 딸 남매라 시부모님의 아들 손주 사랑을 유난히 받았는데도 말이죠. 나는 이미 아들이 있는데도 왜 꿈속에서 형님의 아들 임신 소식이 그리 부러웠는지 참 궁금합니다. 정말 속마음 가득 부러움이 차올랐던 느낌이 아직도 남아 있어요. 정말 이 꿈이 궁금합니다.

손윗동서의 아들 임신이 부럽다고 하니 속상하네요. 내가 임신했으면 좋겠다고 하는 마음이 느껴집니다. 시대가 많이 바뀌었음에도 임신했을 때 성별을 따진다는 것이 안타까운데, 사실 오랜 가부장제의 역사를 생각하면 놀랄 일도 아닙니다. 과거 어머니들은 아들 임신을 기대했다가 딸을 낳으면 주변의 실망과 질책 속에 힘들어했습니다. 언제쯤 임신한 사실만으로 있는 그대로 축복받는 세상이 올까요?

꿈에서 '아들 임신'의 은유를 한번 곱씹어볼까요? 내가 꿈을 꾼 시점이 중요합니다. 딸아이 입시 상담을 하러 간 날입니다. 예상외의 상황에 실망했고 이게 자극이 되었을 겁니다. 또 아이가 고3이라는 나이도 이런 꿈을 꿀 법한 이유일 것 같아요. 그 외에 다른 변수도 많습니다. '아들을 임신'한 형님이 그렇게 부러우면 태어날 아이는 어떠하리라 짐작되나요? 아들인 데다가 우수한 대학에 들어가고 성공한 자리에 오르는 걸까요?

아이가 제 몫의 삶을 잘 꾸려가는 모습을 보면 부모로서 흐뭇하고 자랑스럽습니다. 분명한 것은 이 꿈은 내 꿈이라는 점입니다. 나를 위해서 꾼 꿈입니다. 임신한 형님도 나라는 사실을 염두에 두고 보면 저한테 씨앗이 잉태되었어요. 그 씨앗의 이름을 붙이자면 '나의 꿈' 아닐까요?

우선 고3 때 나의 과거를 떠올려보세요. 그때 무엇을 하고 싶었는지 기억해보세요. 저는 딸아이 성적에 '실망'하자 30년 전 자신의 모습이 떠올랐을 것 같아요. 딸이 자신의 생각과 꿈을 실현해주기를 기대하다가 어려워지자 그 틈새로 나의 바람이 꿈에 나타난 것은 아닐까요? 나이와 상관없이 내 삶에서 의미 있는 주요한 과업은 일생을 통해 중요합니다. 그 형태가 고3 때 꿈꾸던 방식과는 다를지라도요.

꿈꾼 이가 50대 전후의 나이가 되었을 것 같은데, 서양 사람들이 심리상담실을 가장 많이 찾는 시기라고 합니다. 서양 나이 49세. 지금껏 눈앞에 요구받던 일에 충실하게 살아왔다면 이제 내적 성숙을 꾀하고 삶의 완성을 향해 나아갈 나이입니다. 이 시기가 여성에게는 완경의 시기입니다. 몸도 가임이나 어머니 역할이 끝났다고 말합니다.

손윗동서가 임신했다고 생각하지만 내 꿈이기에 내가 임신한 것입니다. 임신은 뭔가 전혀 새로운 것이 세상에 태어난다는 약속입니다. 여러 가지로 해석할 수 있겠지만 자신이 지혜로운 여인으로 탄생할 가능성이 있다는 것으로 해석됩니다. 이미 임신했으니 열 달 후 태어날 즈음에 내가 잉태한 것이 무엇인지 선명해질 것입니다. 꿈에서 임신하면 출산으로 이어집니다. 잘 보듬고 기다려보기 바랍니다. 그리고 꿈 세계에서 잉태와 출산은 언제 어느 때나 가능합니다. 가임기가 따로 없어요. 남자도 임신과 출산을 합니다. 세상에 창조가 멈추지 않듯이 나의 창조도 계속 이어집니다.

과거 살던 집에서 나온 벌레

지금 사는 집에 이사 온 지는 4년 정도 되었어요. 과거 살던 집은 오빠가 결혼해서 살고 있어요. 지난달부터 예전 집에 우리 가족이 나오기 시작하더니 요즘에는 벌레가 나오는 꿈을 꾸고 있어요.

첫 번째 꿈에서는 새언니가 오기 전 살던 가족들이 나오고, 두 번째 꿈에서는 제가 청소를 하는데 갑자기 회색 큰 쥐들이 엄청나게 저한테 몰려옵니다. 제가 들고 있던 청소기로 휘이휘이 쫓았지만 제 주위를 떠나지 않고 몰려 있었어요. 너무 징그러워하다가 꿈에서 깨어났습니다.

세 번째 꿈에서는 예전 제 방에서 잠을 자는데 온갖 이불이며 책상에 벌레가 엄청나게 많습니다. 그래서 방에서 뛰쳐나왔는데 거실이며 부엌에도 벌레가 가득하고 안방에만 벌레가 없더라고요. 그래서 안방에 있는 부모님께 저도 거기서 자면 안 되냐고 했더니 자기 방에서 자야 한다며 저를 못 들어오게 했습니다.

생각해보면 별것 아닌 꿈인데, 자꾸 반복적으로 그 집이 꿈에 나오니까 이상해요. 이사 온 지 4년이나 되었는데도 생생하게 그 집의 가구며 모든 게 똑같이 꿈에 나옵니다. 나쁜 꿈은 아니겠죠?

나쁜 꿈, 좋은 꿈은 없습니다. 꿈은 내 마음을 보는 거울이고, 꿈은 나를 도와주려 합니다. 꿈이 하는 말을 경청하고 꿈과 대화하면 삶이 훨씬 편안하고 행복해집니다. 나한테 필요한 이야기를 해주고 반드시 알아야 할 내용을 가르쳐주니 꿈처럼 고마운 게 있을까요?

옛날 살던 집으로 꿈이 자꾸 데려가는 데는 다 이유가 있습니다. 꿈 이야기를 할 때 언제 이사를 했다는 부분을 강조합니다. 물리적으로 이사했지만, 아직 이사가 덜 된 부분이 있어서 그 집으로 데려가는 거예요. 꿈에서 옛집은 어릴 때 살던 집이죠. 그 집에 살 때 자신은 잘 몰랐지만, 지금도 여전히 나에게 깊이 영향을 미치는 것이 있으니 가서 잘 살펴보라고 꿈이 데리고 가나 봅니다.

옛집에서 벌어지는 세 가지 꿈은 하나로 이어져 있는 듯합니다. 같은 주제가 조금씩 발전하고 구체화하는 과정입니다. 첫 꿈에 옛집을 배경으로 가족들만 등장합니다. 새언니가 등장하기 전 원가족입니다. 이렇게 운을 띄우고, 뭔가 얘기를 꺼내려고 합니다. 다음 꿈에서 내가 청소를 합니다. 꿈에서 청소는 대단히 중요한 행동입니다. 정리정돈을 하고, 먼지와 묵은 때를 닦아내는 일이잖아요. 마음 안에서 벌어지는 걸 꿈이 은유적으로 보여준다고 할 때, 옛집으로 데려가는 이유는 바로 마음을 청소하자는 데 있습니다. 이미 마음 청소를 시작한 상태입니다.

이때 쥐 떼가 몰려듭니다. 청소를 시작하지 않았더라면 있는 줄 몰랐을 겁니다. 집 청소가 그렇습니다. 건드리기 전에는 내가 어떻게 사는지 잘 모르게 마련입니다. '얼마나 방치한 줄 알아?' 쥐들이 아우성을 치네요. 쫓아내려 한다고 쫓겨날 쥐들이 아닙니다.

하필이면 쥐일까요? 쥐는 옛이야기에 자주 등장하는 동물입니다. 옛이야기에 보면 사람이 들어갈 수 없는 자리로 찾아들어 귀한 정보를 물어오는 것이 쥐입니다. 특별한 기술의 보유자입니다. 구석구석 못 들어가는 곳이 없습니다. 특히 지하세계나 깜깜한 곳이나 천장 위 같이 눈에 띄지 않는 자리에서 탁월한 방향감각을 발휘합니다. 이 놀라운 어둠의 내비게이터가 무슨 소리를 하고 싶은 걸까요?

자주 회자되는 언어표현에는 집단의식과 무의식이 들어 있습니다. '쥐새끼'라는 단어도 고려해보면, 사람을 쥐새끼라고 할 때는 조그맣고 볼품없고 형편없다는 비하의 표현입니다.

그다음 꿈에 구체적으로 드러납니다. 벌레들이 온 집 안에 가득해요. 쥐가 벌레로 변했을까요? 고등 동물에서 하등 동물로 점차 땅에서 기는 방향으로 내려가요. 저라면 생각이나 감정의 이슈보다 감각 차원이나 훨씬 더 근원적인 차원의 이야기일 것 같아요. 벌레면 다리가 없습니다. 벌레 같다는 말이 사람을 가리킬 때는 어떤 경우일까요? 겁쟁이고 약하고 불쌍한 사람이라는 뉘앙스가 들어 있습니다. 내 안의 벌레 같은 모습을 대면하게 하려고 이 집에 온 건 아닐까 생각됩니다. 꿈이 참 절묘하게 이미지를 연출합니다. 내 방에서 시작해서 온 집 안에 벌레로 가득한데 안방에는 한 마리도 없습니다. 그건 또 무슨 의미일까요? 온 집 안에 벌레를 퍼뜨린 원인 제공이 안방에 있다는 것 같습니다.

무섭고 다급하고 징그러운 상황이라 보호가 절실한데, 아이가 문도 못 열게 하는 부모님의 태도는 매정합니다. 어린 시절이 장면이 얼마나 여러 번 되풀이되었을까요? 매번 거절당할 때마다 벌레 한 마리가 더 탄생한 건 아닐까요? 문 앞에 있는 아이는 한없이 작아집니다. '내가 벌레구나. 작고 징그러운 미물이구나' 생각합니다.

이제 성인이 된 나는 그렇게 나약한 아이가 아닙니다. 이제 이곳은 내가 사는 집도 아닙니다. 내가 벌레가 아니라 단지 벌레처럼 취급한 사람이 있었을 따름입니다. 청소도 중요하지만, 이제는 한판 대결을 벌여야겠습니다. 살면서 참는 것만이 최선은 아닙니다. 분노할 때 분노하는 것이야말로 중요한 힘입니다.

언제나 문제는 관계

꿈이 건네는 말

3장

직장 동료와의 갈등

미국에서 직장생활을 하는 30대 여성입니다. 어젯밤 꿈에 제가 다니는 직장과 동료들이 나왔습니다. 업무 관련 외에는 사적인 대화를 나누지 않는 동료 K와 무리한 업무를 자주 맡기는 팀장과 요즘 자주 부딪치는데요. 꿈에서도 이 둘이 나왔습니다.

잠깐 쉬는 시간이었는데, 팀장이 동료 K가 찍은 사진을 보더니 농담조로 "어, 그럼 K씨가 A씨가 하던 제작 업무를 하면 잘하겠네요. 사진을 잘 찍으면 제작 업무에 도움이 되거든요"라고 말했습니다. 저는 웹 제작 관련 일을 하고, K는 회계 담당인데 말이죠. 아무리 장난이어도 제 일을 K에게 해보라는 팀장이 너무 얄미웠습니다. 스트레스와 제 업무에 대한 회의가 들어 힘든데다가 K와 갈등까지 있어 머리가 지끈거리던 저는 잠깐 외출하겠다며 차를 끌고 나섰습니다. 주차장에서부터 차들이 난폭 운전을 하더니 결국 어디선가 나타난 차가 제 차를 박으면서 꿈에서 깼습니다. 직장 스트레스, 일에 대한 회의감, 관계에 대한 불안감 때문에 이런 꿈을 꾸는 걸까요?

직장과 스트레스는 불가분의 관계인 것 같습니다. 대부분의 경우 인간관계에 그 원인이 있을 때가 많은데요. 꿈속 상황만 들어도 화가 솟구칠 만한 일이네요. 출근만 하면 매일 열을 돋우는 일이 벌어지는데 갈수록 조절 기능은 떨어지니 미칠 노릇입니다. 먹고살아야 하니 내키는 대로 직장을 박차고 나올 수도 없고요.

여기서 분명한 점은 매일 같은 공간에서 일하는 K와 팀장과의 관계가 힘들다는 것입니다. 꿈은 이미 내가 아는 사실을 다시 상기시키지는 않아요. "열 받았어. 어쩌라고?" "낮에도 보기 싫은데 꿈에까지 나와 괴롭히네." 이런 식으로 꿈에 화풀이를 하기보다 "이 상황에서 내가 놓치고 있는 건 뭘까?" 이 질문을 가지고 꿈을 다시 들여다보세요. 고통스러운 장면을 다시 떠올리는 것은 무조건 피하고 싶겠지만 직시하면 분명 꿈은 내게 말을 걸고 있습니다.

내 꿈에 등장하는 모든 사람은 여러 모습의 '나'입니다. 내 안에 없는 것은 절대 꿈에 나오지 않습니다. 상황을 현명하게 다루고 스트레스를 줄이기 위해서는 꿈의 목소리를 경청하세요.

꿈 이야기에서 '농담조로', '아무리 장난이어도'라는 말이 눈에 들어옵니다. 아마도 장난을 맞받아칠 마음의 여유가 없는 상태라고 생각됩니다. 만약 이 상황에서 농담을 농담으로 받아치면 어떻게 될까요? 인간관계에서 유머와 웃음은 윤활유 역할을 합니다. "저는 회계 체질인데 한번 바꿔서 해볼까요? 둘 다 우수 사원이 될 것 같은데요. 후후." 이 한마디에 다 같이 웃고 넘어가지 않을까요?

그러나 코앞에 닥친 상황이 곤란하면 할수록, 당장 내 일로 닥치면 상상력이 얼어붙더라고요. 누군가 세상 모든 문제는 상상력의 결핍 때문이라고 하더군요. 꿈으로 '상상놀이'를 하다 보면 상황을 좀 더 유연하게 받아들일 수 있을 거예요.

다른 방법으로 동료 K를 왜 싫어하는지 이유를 나열해보는 것입니다. 예를 들어 K는 '윗사람들에게 아첨을 잘해' 그리고 '나도 그래!'라고 되뇌어보는 거예요. 나도 아첨도 하고 사교적인데 K만 상사의 눈에 들어 싫었던 건 아닌지 돌아봅니다. 좋거나 싫거나 거슬리는 것은 에너지를 많이 쓰고 있다는 뜻이에요. 이 정도로 에너지를 많이 쏟는 데는 이유가 있을 겁니다. 무의식이 보내는 일종의 강조라고 받아들이면 사는 데 크게 도움이 됩니다. "지금 이건 내 삶에 매우 중요해!" K를 있는 그대로 받아들이면 나에 대한 이해의 폭도 넓어지고 타인에 대한 수용의 힘도 커집니다.

스트레스, 회의감, 갈등은 괴로움의 삼종 세트예요. 여기 미움과 화도 포함되겠죠. 주차장 안에서 벌어진 난폭 운전은 머릿속 풍경을 보여주는 것 같습니다. 머릿속이 복잡하니 사고는 당연한 수순이겠지요. 무의식이 자동차 충돌로 복잡한 머릿속을 멈추게 하네요. 뭔가 제대로 돌아가지 않을 땐 '멈춤'이 최선일 때가 많습니다. 상황이 마음에 들지 않는다고 차를 끌고 나선 것은 상황 회피입니다. 무의식은 외출하는 것을 막았습니다. 회피하기보다 "팀장님, 농담으로 들리지 않네요. 제가 디자인을 잘 못한다는 말로 들려서 서운해요"라고 우아하고 단호하게 표현하면 어땠을까요? 차 사고는 달아나지 말고 부딪쳐서 해결해보라는 메시지가 아닌가 싶어요.

이 꿈은 악몽입니다. 악몽은 나쁜 꿈이 아니라 시급한 메시지가 있다는 의미예요. 지금 꿈에서 전개되는 드라마가 현실에서 늘 해오던 방식이 아닌가요? 피하기에는 내 안에 쌓인 감정이 많으니 다른 방법을 찾으라고 강하게 말하고 있어요. 이렇듯 꿈은 우리가 모르는 뭔가를 말해줍니다.

친구의 어려운 부탁

일을 마무리하던 중 전화 한 통이 왔어요. 초등학교, 중학교 때 친하게 지낸 교회 친구였습니다. 그 친구는 중학교 때 이사를 가는 바람에 연락이 끊어졌는데 몇 년 전 교회 친구가 결혼하면서 그 친구와 연락이 닿아 근황을 알게 되었습니다. 그때 그 친구는 과외 아르바이트를 하며 지내고 있었습니다.

그런데 꿈에서 그 친구가 저녁 과외를 대신해달라고 부탁했어요. 과목은 중학교 수학. 학창 시절 공부도 잘 못했으면서 뭔 생각인지 알겠다고 했습니다. 일을 끝내고 과외 받는 학생이 다니는 학원 앞에서 여학생을 기다리다가 같이 집으로 갔습니다. 가는 길에 이런저런 이야기를 주고받는데 그 여학생이 제가 공부를 얼마나 잘하는지 물었습니다. 저는 허세를 떨며 거짓말을 합니다. 학생 방에서 학생에게는 문제집을 풀라고 시키고 저는 시험지를 붙들고 풀었습니다. 그런데 공식이

가물가물해 문제를 풀지 못했어요. 학생 몰래 답지를 보고 공식과 답을 기억했다가 학생에게 가르치려고 준비하는데 갑자기 친구가 등장했습니다. 친구는 고맙다며 이제 그만 가도 좋다고 하여 자리를 비켜주면서 꿈에서 깼습니다.

보통 먹는 꿈을 꾸거나 꿈을 꿔도 잘 기억하지 못하는 편인데, 이번 꿈은 너무 생생하고 저와 어울리지 않는 상황이라 다소 황당하네요.

꿈을 아주 생생히 기억하는 것도, 한 편의 이야기로 풀어내는 것도 놀랍네요. 오랜 기간 연락이 닿지 않다가 다시 연결되어 꿈에 나타난 걸 보면 숨은 이유가 있어 보입니다. 나에게 일어나는 현상의 표면 아래를 보면 놀라운 연결망이 보입니다. 생생한 연결망이 손에 잡힐 듯 다가올 때 삶과 세상이 얼마나 신비로운지요. 삶이 온통 놀라움투성이라는 걸 저는 꿈을 통해 느꼈습니다.

프로이트는 꿈이 사용하는 재료 가운데 최근 경험에서 비롯된 인상이 가장 자주 사용된다고 했습니다. 그렇다고 꼭 최근 경험만 나오는 것은 아니지요. 이 꿈을 보면 중학교 시절의 친구와 중학교 수학이 소재로 등장합니다. 짐작건대 과외를 부탁한 친구는 공부를 잘했을 거예요. 꿈을 꾼 이에게 중학교 수학은 특히 어려움을 느꼈던 과목 같고요. 뜬금없이 꿈속에서 중학교 수학 시험 문제지를 풀게 됩니다. 게다가 과외 받는 중학생을 등장시켜 핵심 질문을 던지게 하네요. "공부, 얼마나 잘해요?"

"중학교 때 공부 잘했어요?"처럼 과거형으로 물을 수도 있을 텐데 학생도 아닌 어른에게 현재형으로 물어요. 꿈이 만들어 낸 트릭 같아요. 이 말은 현재의 공부나 평생의 공부를 의미하는 게 아닐까요? 꿈은 중학교 시절의 기억을 소환하면서 현재의 시간과 겹쳐놓았어요. 과거에도 현재에도 중요한 질문이라는 듯 공부를 잘하는지 꿈이 묻고 있습니다.

수학은 저에게도 아킬레스건 같은 거였어요. 잘해보고 싶은데 늘 좌절을 안겨주곤 했습니다. 공부가 부족했을까? 머리가 나빠서일까? 두 질문 사이를 오갔죠. 미처 답하지 못한 문제를 꿈은 반드시 다시 소환하더라고요.

그런데 꿈에서 왜 친구의 부탁을 들어줬을까요? 가장 못하고 힘들어한 과목인데 말이에요. "내가 잘하는 과목이 아니어서 곤란해. 도와주고 싶지만 내가 가르치기 힘든 내용이야"라고 솔직하게 말할 용기가 없어서 결국 이런 진땀나는 드라마를 찍게 된 겁니다.

공부가 뭘까요? 궁극적으로 인생의 공부는 '나에 대한 진지한 탐색'이라고 생각합니다. 세상이 아무리 변해도 절대 변하지 않을 인류의 영원한 숙제는 아폴로 신전에 새겨진 '너 자신을 알라'일 거예요. 저는 꿈이야말로 나를 아는 최상의 교과서라고 믿습니다.

오지랖 넓게 다른 사람을 대신해 가르치러 갔지만 기본 공식조차 기억나지 않아요. 그때 친구가 와서 이제 됐다고 가르칠 필요 없다고 했을 때 저라면 뒤통수를 한 대 얻어맞은 기분이었을 것 같아요. 가르치는 것을 업으로 하는 사람으로서 결국 자기가 제대로 알지 못하는 것은 남에게 가르칠 수 없다는 사실을 새삼 깨닫게 합니다.

여기서 꿈이 진짜 하고 싶은 말은 뭘까요? 내 꿈에 등장하는 사람은 다 나의 어떤 부분이라고 했습니다. 수학을 잘하는 친구도 결국은 나예요. 자기 자신 안에 이 친구가 있어요. 꿈은 꿈꾼 사람이 이미 아는 사실을 다시 확인하라고 복습하지 않아요. '이 친구는 공부를 잘하고, 나는 못해', '이 친구는 뛰어난데, 나는 그렇지 않아' 이런 생각을 하면 나는 늘 열등할 수밖에 없어요. 내가 아는 사실을 공고히 하려고 꿈에 나오는 게 아니에요. 이런 꿈을 꿀 때는 '내가 모르는 게 뭐지? 내가 잘못 알고 있는 것은 뭐지?' 하고 자문해봅니다. 내 안의 다른 모습인 친구처럼 자신감과 자존감 있는 자신을 찾는 것이 인생의 공부고 풀어야 할 답이지요. 꿈을 들여다보면 이런 놀라움이 가득합니다.

고등학교 시절 단짝 친구

얼마 전 고등학교 시절부터 단짝이었던 친구와 크게 싸운 후 절교했습니다. 사실 그 친구도 저랑 술을 마시면서 감정이 격해진 상태였어요. 그로부터 며칠 뒤 이 친구가 나오는 꿈을 꾸었는데 정말 끔찍했습니다.

친구가 교통사고를 당하는 현장에 제가 있었는데, 그 친구가 저에게 "너 때문이야. 너 때문이야. 너 때문이야"라고 말했습니다. 난 가만히 서 있을 뿐이었는데, 나 때문이라고 말하는 친구. 절교했지만 정말 그 사고 장면이 너무 생생해서 걱정이 됩니다.

친구를 잃는다는 건 정말로 가슴 아픈 일입니다. 단짝 친구와 연을 끊는다는 건 결코 쉽지 않은 결정입니다. 잘잘못을 떠나 '우정'이라는 면에서 그리고 우정 안에 내포된 '함께하리라'

는 마음에 있어서 둘 다 실패했어요. 먼저 위로의 말씀을 드립니다.

기쁠 때나 슬플 때나 함께한다고 서약을 하지만 만남은 이별을 잉태하고 있습니다. 더는 견딜 수 없어서도 이별하고, 나를 지키려고 어쩔 수 없이 이별하고, 좋아하면서도 이별합니다. 이별에는 여러 모습이 있습니다. 저는 온갖 이별을 다 겪다 보니 '만남의 순간 이별을 잉태한다'는 진실을 알게 됐습니다. 그래도 저는 아플 때나 슬플 때나 꿈 친구와 한 언약은 지킵니다.

언젠가 그 단절이 너무 아파서 온 겨울을 앓아누운 적이 있었는데, 꿈하고만 대화했어요. 그 시간을 견디고 내 안에서 일어나는 변화를 지켜보면서 켜켜이 쌓인 감정을 만나다 보니 마침내 우울에서 빠져나올 수 있었습니다. 긴 우울에서 나오는 꿈 장면과 그 봄날을 지금도 생생하게 기억합니다. 그리고 배웠습니다. 또다시 죽을 만치 힘든 일은 닥칠 것이고 그때도 이렇게 해야겠구나!

꿈을 한번 살펴봅시다. 내 꿈에 등장하는 모든 사람이 나라는 점을 상기해보면, 꿈에 나온 친구도 나이고, 사고 난 차량도 나입니다. 그 현장에서 지켜보는 것도 나입니다. 교통사고는 관계의 충돌을 뜻합니다. 확실히 충돌은 일어났고 이는 꿈꾼 사람도 잘 압니다. 이미 잘 아는 사실을 확인해주는 꿈은 없습니다.

꿈은 언제나 내가 모르는 뭔가를 말해주려고 합니다. 이 꿈은 차량 충돌이 아니라 혼자 낸 사고 같습니다. 자세한 묘사가 없어서 확신할 수는 없지만요.

사고 현장의 상황도 특이한데요. 일분일초가 급박한 상황에 친구는 '살려줘', '나 좀 도와줘'가 아니라 '너 때문이야'라며 허를 찌릅니다. 이 만트라(영혼의 변화를 일으키는 기도, 주문, 진언)는 도대체 뭘까요? 꿈 이야기에 '너 때문이야'가 세 번 등장합니다.

힘든 일이 생길 때마다 습관적으로 자신에게 손가락질하면서 나 때문이라고 하는지 자문해보세요. 자책하는 어린아이 같은 생각입니다. 흔히 어린아이들은 힘든 일, 불행한 일이 생기면 '내가 나쁜 아이라서 이런 일이 일어났어'라고 받아들입니다. 또 살면서 다른 이들로부터 '너 때문이야'라는 말을 많이 들었는지도 모릅니다. 이런 소리를 자주 듣다 보면 저도 모르는 사이에 자신에게 이 소리를 하고 있습니다.

'너 때문이야'를 찬찬히 따져보면 핑계 대는 말입니다. 같이 싸웠고 같이 결별했는데 왜 남 탓을 하나요? 사고는 그다음에 일어났는데 더 가관입니다. 꿈에 친구도 나이기에 내가 낸 교통사고로 내가 다쳤습니다. 그런데도 '너 때문이야'가 습관처럼 나옵니다. 사고로 다친 것도 아픈 것도 다 '너 때문이야'라고 외칩니다.

앞부분에 '나 때문이야'라며 투사했고, 뒷부분에 '너 때문이

야'라고 투사했습니다. 제 경험으로는 실제 습관적으로 남 탓을
하는 사람은 두 가지 말을 번갈아가면서 합니다.

우정에 금이 간 그 틈새로 꿈은 정말 깊은 문제를 끄집어냅
니다. 깨진 자리는 표면 아래 깊이가 드러나게 마련입니다. 속
이 보이는 순간입니다. 상처 입어 아플 때가 진짜 자신을 알아
볼 수 있는 절호의 기회이기도 한 이유입니다. 더욱 자기 자신
에게 집중할 시간입니다. 꿈은 나를 바라보는 좋은 방법입니다.

사랑하는 반려견의 죽음

초등학생에서 중학생 때까지 키우던 강아지 '하늘이'가 꿈에 꽤 자주 나옵니다. 하늘이는 약 12년 전, 투병하다가 동물병원에서 세상을 떠났습니다. 당시 중학생이던 저는 해외에서 하늘이의 죽음 소식을 접하고 밤새 혼자 서럽게 울었던 기억이 납니다. 제가 하늘이의 마지막을 지키지 못했다는 자책감과 당시 어린 나이라서 하늘이를 더 잘 돌보지 못했던 것들이 생각나서 한없이 미안했습니다.

12년이 지난 지금도 하늘이가 제 꿈에 나타나서 함께 일상을 보냅니다. 마치 지금도 곁에 있는 느낌이 듭니다. 그러다가 꿈에서 깨면, 꿈이 워낙 생생해서 "하늘아-"를 부르면서 찾기도 합니다. 이내 꿈이었다는 것을 깨닫고 현실을 받아들입니다.

제 친구 같았던, 그리고 가족이었던 하늘이가 왜 아직도 제 꿈에 자주 나오는 걸까요?

이렇게 사랑하고 사랑받은 하늘이는 무척 행복했을 것 같습니다. '반려견'은 우리에게 어떤 존재인가요? '하늘이' 같은 반려견, 반려묘는 세 살 전 어린아이와도 같아서 무조건적 사랑을 주는 관계입니다. 사람과는 이런 관계를 맺기가 쉽지 않습니다.

생각해보면 개가 인간과 살기로 결정한 것은 엄청난 희생이었습니다. 개는 회색 늑대에서 진화했는데, 자신의 야성과 공격성을 낮추어서 사람과 함께 살기로 결정합니다. 서로 다른 종끼리의 소통과 친밀함이 이 정도로 가능하다는 사실은 기적과 같습니다.

반려동물을 키우는 친구를 가까이서 보면서 알게 된 사실이 있습니다. 바로 만남의 순간입니다. 절묘하게도 가장 적절한 시기에 우리에게 다가와 자기 역할을 충분히 하고 때를 알고 떠나갑니다. 사람이 이들에게 하는 것 이상으로 훨씬 많은 것을 주는 존재입니다. 이처럼 귀한 친구의 마지막을 함께하지 못했다는 아픔과 잘 보내지 못했다는 자책은 당연한 일입니다.

꿈에 하늘이가 등장했다고 그대로 하늘이인 것은 아닙니다. 나의 어린 시절을 나타낼 때가 많습니다. 지금 나이가 한 20대 중반쯤 되었을 것 같은데요. 사회에 첫발을 내딛는, 인생에서 중요한 시기네요. 하늘이와 함께했고 하늘이가 가장 잘 아는 나의 아이다움에 대한 그리움이 큰 시기 같습니다. 나의 오랜 꿈을 세상에 어떻게 펼칠지 고민이 많은 시기입니다. 꿈에 등장하는 하늘이의 모습이 어떠한지 한번 눈여겨보세요. 그리고 하늘이에게 필요하다 싶은 걸 나에게 해주세요. 놀이는 아이만의 특권이 아닙니다. 평생 '놀이의 영성'을 잘 보존해야 합니다. 놀이만큼 사랑스럽고 창의적인 특질이 있을까요? 그냥 논다는 것은 어떤 배움도 유익함도 이유도 계산하지 않는 행위입니다. 잘 노는 것은 순수 기쁨을 맛보는 거예요. 시간에 대해서도 시계로 따지는 양적 시간이 있고 질적 시간이 있어요. 놀이는 시간 가는 줄 모르고 하는 거예요. 이런 시간이 많을수록 삶의 질은 향상됩니다. 놀이는 어릴 때 충분히 해야 해요. 이 시간을 건너뛰고 너무 이른 나이에 책임이나 공부나 생산성 같은 데 노출이 되면 여유가 있고 시간이 있어도 삶을 누릴 줄 모르게 됩니다. 지나치게 진지하거나 팍팍하게 살게 됩니다. 역으로 이런 사람들이 곧잘 향락에 빠지기도 합니다. 놀이를 존중하고 잘 보존해야 창의적으로 자기 삶을 가꿀 수 있고, 행복감도 결국 여기에 달려 있습니다.

하늘이의 마지막을 함께하지 못한 것이 계속 마음에 남는다면 하늘이를 보내는 의례를 하면 어떨까요? 상상력을 발휘해서 기발하게 하늘이에게 어울리는 방식으로요. 아무리 사랑해도 사자와 산 자 사이에 선을 선명하게 긋는 게 현명하다고 모든 신화는 말합니다. 귀한 시간을 함께했듯이 귀하게 이별하는 것도 배울 때입니다. 이별은 잘해야 합니다. 만남은 아무나 할 수 있지만 아름다운 이별은 성숙한 사람만이 할 수 있습니다.

하늘이가 나에게 온 이유가 있을 겁니다. 하늘이와의 인연을 통해 순수하고 친밀한 사랑을 알게 되었습니다. 몸을 비비고 냄새를 맡고 좋으면 꼬리를 흔들며 무한한 애정을 나에게 준 하늘이처럼 자신을 사랑하는 방법을 알려주려고 꿈에 나온 건 아닐까요? 하늘이를 잘 보내고 다른 사람이나 새 반려견과도 이런 사랑을 했으면 좋겠습니다. 아마 하늘이도 기뻐할 겁니다.

아버지가 권한 포도

꿈에서 아버지와 길을 걷는데 갑자기 아버지가 포도 한 송이를 따 먹으면서 저에게도 권했습니다. 저도 포도송이를 따려고 보니 나무에 거미줄이 잔뜩 쳐져 있어 잘 피해서 포도를 따 먹었어요. 포도 알이 그렇게 실하지는 않았어요. 도대체 이건 어떤 꿈인가요?

꿈이 너무 짧고 세세한 묘사가 생략되어 있어 아쉽습니다. 마치 줄거리를 요약한 듯한데 종종 꿈 이야기를 할 때 줄거리만 중요하게 생각하는 경우가 있습니다. 꿈은 아주 사소해 보이거나 별 의미가 없어 보이는 것도 전부 중요합니다. 예를 들어 포도의 종류나 색깔 그리고 포도 알의 크기까지 기록하는 것이 좋습니다. 꿈에서 전체적인 분위기나 아버지와 내 나이가 현재와 비슷한지 아니면 더 어린지, 어떤 옷을 입고 있는지, 걷는 길이 시골길인지 아니면 외국인지 등 이런 디테일이 다 중요한 정보여서 가급적 자세하게 기록하는 것이 도움이 됩니다. 꿈을 한편의 영화라고 생각해보면 영화감독은 이야기 줄거리뿐 아니라 배우들의 표정, 배경, 옷차림, 하루 중 빛의 밝기 등 모든 걸 다 고려하고 의도적으로 결정하잖아요. 꿈도 마찬가지입니다.

저라면 아버지와 같이 과수원 길을 걷는다는 것 자체가 행복했을 것 같아요. 그리고 포도를 따서 먹는 것도 신이 나고요. 그런데 꿈이 이 다정하고 목가적인 풍경에 다른 톤을 덧붙이네요. 만일에 '포도 알이 엄청 크더라고요. 한 알 따서 먹었는데 그 맛이 지상에서 먹어본 적이 없는 시원하고 특별한 맛이더라고요'라고 내용이 흘러갔다면 이 꿈은 완전히 다르게 다가올 거예요. 하지만 이 꿈에는 반전이 있습니다.

아버지가 맛있다고 권해 내가 따려고 보니 거미줄이 감겨 있어서 쉽게 따지를 못 했습니다. 여기서 거미줄이 왜 있을까요? 포도 따는 것을 방해하는 거미줄이 '이 자연스러운 행위가 아무 일도 아닌 게 아니야'라는 암시로 다가옵니다. 왜 하필 거미줄일까요?

일차적으로 거미줄은 정교하게 얽혀 있습니다. 거미는 놀라운 동물이지만 집 안에 거미줄이 쳐져 있으면 오래 방치된 건물로 인식됩니다. 먹는 과일에 거미줄이 있는 것도 이상하긴 마찬가지입니다. 서로 얽히고설킨 부자연스러움과 연관이 있을 것 같습니다. 거미줄이 암시하는 바를 좀 더 자세하게 말해주는 대목이 그다음 장면에 있습니다.

'포도 알이 그렇게 실하지 않았다'는 것입니다. 일반적으로 포도 과수원을 떠올리면 주렁주렁 달린 모습이 굉장히 탐스러워 보입니다. 자연의 풍요로운 결실, 다산의 이미지로 넝쿨 아래 주렁주렁 달린 포도송이가 떠오르는데 이 꿈에서는 왜 실하지 않은 포도 알이 나왔을까요? 이 꿈은 바로 이 사실을 인식시키려고 한 것 같습니다. 아버지는 맛있어서 권했는데 아들은 별로라며 끝이 납니다.

일차적으로 아버지와 꿈꾼 이는 서로 기호가 다릅니다. 서로 다른 사람이니 취향도 다르겠지요. 아버지는 아들의 기호를 무시한 채 아들에게 포도송이를 따 먹으라고 권합니다. 꿈은 단순히 포도 한 송이이지만 이 모습이 아버지와 아들 관계의 패턴일 수 있습니다. 아버지한테 최상인 자양분이 아들한테는 최상이 아닐 수 있습니다. 포도를 따려고 할 때 거미줄이 얽혀 있어 불편함이 발생합니다. 요즈음 많은 부모들이 아이가 요구하기도 전에 미리 손을 내밀어 아이의 욕구를 채워줍니다. 스스로 요구하고 쟁취할 때 느낄 수 있는 성취감을 누릴 기회를 앗아버릴 때가 많습니다. 물질적으로 풍요로운 시대에 살지만 대다수가 마음의 결핍을 느끼는 이유가 일차적인 본능적 욕구의 약화와 관련이 있다고 생각됩니다. 내가 무엇을 좋아하는지, 무엇을 원하는지, 욕구를 알고자 하는 힘이나 이 욕구를 채우려는 동기가 아이에게서 나와야 하는데 그렇지가 못한 겁니다. 과보호로 인해 이런 힘이 약화된 게 아닐까요? 포도를 따 먹어보라는 아버지의 성급함에는 불안이 깃들어 있습니다. 여유를 갖고 아이 스스로 할 때까지 지켜보는 부모가 드문 게 현실입니다.

이 꿈에서도 아들이 탐스러운 포도를 스스로 찾을 수 있을 때까지 기다리지 못한 아버지의 전전긍긍하는 초조함이 앞선 것은 아닐까요? 포도 한 송이에 아버지와 아들의 갈등이 들어 있을 수 있습니다.

꿈
말
이
해
하
기

꿈에 관한 흔한 질문들

Q1 꿈을 잘 안 꿔요.

우리는 매일 밤 꿈을 꾼다. 기억하지 못한다는 말이 정확하다. 그러나 꿈을 기억하는 능력은 얼마든지 향상시킬 수 있다. 꿈을 존중하지 않는 문화권에 사는 것이 꿈을 잘 기억하지 못하는 주원인일지 모른다.

Q2 잠에서 깰 때 기분이 좋으면 좋은 꿈인가요?

아니다. 꿈을 다룰 때 있는 그대로 받아들이면 안 된다고 했다. 꿈은 수많은 인물과 사건, 장소, 사물을 창조해내고 이들은 본래의 물리적인 성질이 아닌 다른 의미가 있다. 느낌이나 기분도 마찬가지다. 기분도 은유적으로 봐야 한다.

Q3 해몽과 꿈작업의 차이는 뭔가요?

해몽과 꿈작업은 의도에서 차이가 있다. 해몽은 당장의 행복이나 불행에 대한 관심에서 출발해 자아의 욕구를 충족하기 위한 것이다. 꿈작업에서는 꿈속 형상과 상징이 자아를 넘어 자신에 관해 더 많이 알려주기 위한 것이라고 보고 진정한 나를 만나고자 한다.

Q4 악몽에 시달려요.

꿈에는 좋은 꿈, 나쁜 꿈이 없으며 그러니 악몽은 나쁜 꿈이 아니다. 시급한 메시지가 있으니 잘 들여다보라는 초대이다. 아이들의 경우 악몽에서 벗어나려면 꿈을 그림으로 그려서 그 종이를 태워버리면 꿈이 달라진다. 불에 노출되었을 때 변하지 않는 것이 없으므로 에너지가 달라진다. 반드시 태우는 과정도 본인이 해야 한다. 꿈 내용을 다룰 수 있는 어른이라면 꿈작업이 최선이다. 뭔가 시급한 메시지가 있으니 그것을 알아내야 한다. 악몽이 지속된다면 반드시 필요하다. 꿈을 기억했다는 것은 꿈이 제시하는 이슈를

다룰 힘이 있다는 의미이기에 기억했다는 사실이 이미 좋은 소식이다. 악몽은 겁을 주고 불안하게 하려는 것이 아니라 현실에서 자신이 균형을 벗어났다고 경고하는 것이다.

Q5 가위에 눌려요.

단기 처방이 있고 장기 처방이 있다. 가위는 목 아래만 마비가 되기에 얼굴 근육을 움직이면 금방 풀린다. 입을 벌리거나 눈을 끔뻑이면 된다. 장기 처방은, 가위는 기본적으로 몸과 정신의 성장에 불균형이 있다는 것이므로 꿈작업을 통해 그 원인을 찾는다. 몸과 정신이 성장하는 데 어떤 문제나 장애물이 있을 때가 많다.

Q6 사람이 없는데 목소리가 들렸어요.

허공에서 소리가 들리는 꿈, 즉 음성만 있는 꿈을 아주 특별한 꿈으로 간주하는 사람이 많다. 마치 초월적인 존재의 소리처럼 받아들여 그대로 따라야 한다고 생각한다. 그런데 이 경우에도 꿈을 사실적으로 받아들이면 안 된다. 그 말을 따르라는 게 아니라 질문을 해보라는 꿈이다. 나는 권위적인 목소리에 어떻게 반응하는가? 권위에는 내적 권위와 외적 권위가 있다. 또 합법적인 권위와 비합법적인 권위가 있다. 미성숙한 사람일수록 비합법적이고 외적인 권위에 의존하고, 성숙해질수록 합법적이고 내적인 권위에 의존한다.

Q7 돌아가신 조상이 나왔어요.

실제 죽은 그 사람이 아니라 내가 그 사람에게 투사하는 내 모습일 때가 많다. 꿈에서 누군가를 본다는 건 그 사람 자체가 아니라 그 사람을 통해서 나타나는 자신의 성격이나 자질이다. 사망 직전이나 직후, 명절 때 죽은 조상이 등장하는 경우도 있다. 죽은 조상이 방문했다고 해서 꿈에서 하는 말을 따를 필요는 없다.

Q8 귀신이 나와요.

이 또한 내가 투사한 또 다른 나일 뿐이다. 한恨이 있으면 귀신
이 되니 나에게 풀어지지 않는 원한 같은 게 있는 것은 아닌지 자
문해보자. 꿈속에서 귀신이 하는 말을 잘 듣고 나의 심정을 보듬고
다룬다.

Q9 꿈이 서로 이어지나요?

오랜 시간 꿈을 기록해보면 꿈들이 서로 이어지고 서로 밀접하
게 연관되어 있다는 사실을 점차 알게 된다. 그래서 혹 오늘 꿈을
기억하지 못했다고 너무 아쉬워하지 않아도 된다. 다음에 또 같거
나 비슷한 꿈을 꿀 수 있으니까.

Q10 몸이 안 좋아서 꿈을 많이 꾸나요?

본래 하루 일곱 번 정도 꿈을 꾸니 크게 걱정하지 않아도 된다.
꿈을 기록하고 꿈작업을 해보면 꿈꾸는 횟수도 조절이 된다.

4장

꿈이 건네는 말

매일 변화하고 성장하고 있어요

붉은 피를 흘리는 전복

저는 30대 후반의 프리랜서 싱글 여성입니다. 몇 년 전에 꿨는데, 지금도 생생하게 기억하는 꿈이 있습니다.

꿈속에서 전복 양식장에 체험을 하러 갔습니다. 바다 한가운데 양식장이 있고, 그 옆에 배를 댔습니다. 전복을 즉석에서 채취해 손질한 후 배에서 바로 회를 먹는 방식이었습니다. 체험 상품이라 전복을 직접 만질 수 있었는데 엄청 징그러워서 망설여졌습니다. 그런데 사람들이 전복을 채취해 회를 만드는 걸 보자 나도 직접 해보고 싶었습니다. 남들이 전복을 어떻게 써는지 눈여겨보며 나도 칼을 쥐고 전복을 잡았습니다. 내장은 남기고 살만 잘라야 하는데, 내장까지 썰다 보니 붉은 핏물이 나왔습니다. 실제 전복의 푸른색 내장과 달리 붉은색이었고 전복에 피가 묻었습니다. 사람들에게 전복회를 내줬는데 핏기를 대수롭지 않게 닦더니 그대로 먹었습니다. 이후에 각종 스시가 나왔고 나는 내가 좋아하는 한치, 연어, 우럭 등을 골라 먹었습니다. 푸르른 바다에 파도가 일렁였고, 다소 어둡고 흐린 날씨였습니다. 이윽고 달이 떴고 파도도 잔잔해졌습니다.

전복회를 포함해서 좋아하는 바다 회를 잔뜩 드셨다니 부럽네요. 꿈에서 음식을 먹는 것은 영적 자양분을 섭취한다는 뜻입니다. 게다가 이 꿈이 바다 위에서 벌어지는 게 특이합니다. 바다 한가운데 전복 양식장이 있고 그 옆에 배를 대고 채취하여 바로 회를 떠서 먹는데, 이는 전부 바다의 산물이자 심연의 선물이라 할 수 있습니다. 최고의 음식을 흔히 천상의 음식이라고 합니다. 이에 버금가는 깊은 무의식이 잉태한 음식입니다. 저는 심연의 음식을 더 귀하게 여기는 꿈 세계 미식가입니다. 이런 음식을 놓고 좋아하는 것만 골라서 먹을 정도니 상이 얼마나 푸짐했을까요. 신선도는 당연히 보장되었을 테고요. 이런 꿈을 꾸고 나면 절로 기운이 납니다. 실제 확 성장한 느낌을 본인뿐 아니라 주변 사람들도 인지할 겁니다. 어떤 일상을 살다가 이런 꿈을 꾼 것일까요? 아마도 무의식의 소중한 양식에서 자양분을 듬뿍 섭취하는 시기에 이 꿈을 꾸었으리라 짐작합니다. 즉, 테라피를 하든 명상을 하든 이런 분야를 공부하든 영성생활이 심화되거나 아니면 일이나 창작활동에 매진할 때를 말합니다. 정직하고 성실하게 일상을 수행하듯 살아갈 때 꿈은 우리에게 부상을 줍니다. 꿈속에서 옆 사람이 전복회를 만드는 걸 눈여겨보고 따라 하는 장면이 나오는데, 현실에서의 배움 또한 그러합니다. 제가 만일 일에 혼신을 기울일 때, 이런 꿈을 꾼다면 내가 하는 일이 나의 영적 성장으로 이어진다는 걸 꿈이 확인해준다고 받아들일 거예요. 꿈은 절대 거짓말하지 않습니다.

도입부에 전복 양식장 체험을 하러 갔는데 시작부터 심상치 않죠. 전복은 죽을 쑤어 환자들에게 먹이는 대표적인 강장식품입니다. 그것을 바다에서 직접 채취해 그 자리에서 손질해 바로 먹습니다. 전복에 대한 나의 첫 반응은 '징그럽다'예요. 아마 현재 내 안에 일어나는 일들이 심오하지만, 익숙한 방식은 아닌 듯합니다. '신기하네. 그런데 나는 손 안 댈래.' 그러는데 옆에서 능수능란하게 칼질하는 사람들이 있고, 이들의 행동을 보면서 직접 해보고 싶은 욕구가 생겨납니다. 이는 엄청난 도약의 순간을 뜻합니다. 손도 못 대던 걸 잡고 칼로 쓱쓱 회를 치기 시작하니, 마치 기던 아기가 걸음마를 하는 것 같은 발전입니다. 나보다 앞서서 전복을 많이 다루어본 능숙한 사람들이 풍기는 평화로움과 숙련도가 용기를 내는 데 큰 힘이 되었을 거예요. 꿈꾼이는 자신이 믿을 만한 그룹에 속해 있는 것 같습니다. 자극이 되고 용기를 얻게 되는 사람들과 함께한다는 것은 대단한 행운입니다. 건강하고 성숙한 공동체의 가치는 살아가면서 점점 더 소중해지더라고요. 꿈에서 내가 따라 하는 이들은 특히 회 뜨는 전문가입니다. 심연의 산물을 채취해서 먹을 수 있게 조리하는 사람이라면, 제가 상상하는 범위에서는 무의식을 다루는 테라피스트나 영적 지도자쯤으로 생각됩니다. 물론 이들이 내 안에 있는 인물이라는 사실도 배제할 수 없습니다.

이 작업에 필수 불가결한 중요한 도구가 등장합니다. 바로 회칼입니다. 얼마나 날카로울까요? 꿈에서 칼, 창, 화살, 면도날처럼 대단히 예리한 도구가 주로 무기로 등장할 때가 많아 위협으로 다가옵니다. 그런데 이런 날카로운 도구는 근본적으로 칼날 같은 지성에 대한 은유입니다. 벼리듯 예리함이 사람을 탈바꿈시키는 도구입니다. 찔리면 치명상을 입거나 죽게 됩니다. 꿈에서 죽음은 가장 확실한 성장의 표식입니다. 이는 새로운 나의 탄생으로 이어집니다. 죽음과 부활은 종교의 핵심 주제이기도 합니다. 이 주제가 꿈에서 자연스럽게 일어납니다. 사실 종교가 강조하는 핵심 원리가 내 안에서 일어나지 않는다면, 의미 없는 일이라 생각합니다. '면도날 같은 지성'이라는 말의 뜻을 곰곰이 곱씹어보세요. 서로 뒤섞여 혼란한 생각이나 감정을 예리하게 갈아서 진리의 정수를 드러내는 행위는 지성의 백미입니다. 날카로울수록 아름다워집니다. 회칼은 이런 일을 잘하게 해줍니다. 이런 칼이 내 손에 있으니 잘 써야겠죠.

그런데 내가 자른 전복에서 왜 사람 피가 나올까요? 저라면 피와 관련된 이슈가 얽혀 있을 것 같아요. 피는 핏줄, 혈연의 문제입니다. 어쩌면 이 문제로 자신의 내면 탐색을 시작하지 않을 수 없었을 거예요. 내면을 탐색하는 일은 힘들기 때문에 도입부에서 전복 만지는 게 거부감으로 다가왔을 수도 있겠습니다. 여기서 피에 관한 나의 반응과 꿈에 등장하는 다른 사람의 반응에서 드러나는 차이에 주목할 필요가 있습니다. 나는 피로 오염된 전복에 당황하고, 내 눈은 '피'에만 쏠려 있습니다. 그런데 함께 있는 사람들은 대수롭지 않다는 태도를 취합니다. '전복은 귀해. 핏물이 있어도 상관없어' 어쩌면 '너의 전복에만 피가 묻은 건 아니야. 나도 그랬어. 먹어도 괜찮던데' 이 대목은 내면 작업이 잘 진행되어 힘이 생긴 것을 꿈에서 확인해주는 것 같습니다.

누구든 자기 상처는 가장 아프고 가장 드러내기 어렵고 가장 수치스러울 수 있습니다. 일전에 어느 강의에서 들은 이미지인데, 다루지 않은 상처에 대한 은유라고 생각됩니다. 벽돌로 차곡차곡 쌓은 너른 벽에 한두 개 삐뚤어져 있는 벽돌이 있어요. 벽돌을 쌓은 사람에게는 수백 개의 반듯한 벽돌보다 삐뚤어진 한두 벽돌만 눈에 들어옵니다. 자꾸 거기에 집착하는데, 내면 작업은 전체 벽을 볼 수 있게 해줍니다. '각이 잘 맞는 벽돌이 대부분이네.' 이런 시각의 전환은 놀라운 도약입니다. 이럴 때 삐딱하게 놓인 벽돌은 오히려 인간적 매력이 됩니다. 꿈에서 드디어 피가 아니라 귀한 전복을 보았으니 멋진 순간입니다.

전복 살이 아니라 내장 속에서 피가 터져 나오는데 내장 깊이 피를 가두어두었나 봐요. 이렇게 깊이 숨기려고 또 이걸 건드리지 않으려고 얼마나 용을 썼을까요. 이 도약은 회칼을 잘 다루는 사람들이 함께여서 가능했다는 점도 간과할 수 없습니다. 하지만 이 작업은 결코 말처럼 간단하지 않습니다. 바다의 일렁임이 내 감정의 동요를 드러내고 흐리고 무거운 날씨가 내 의식을 대변해주는 듯합니다. 그렇지만 이 힘겨운 작업의 결과가 그다음 문장에 집약되어 있어요.

'이윽고 달이 떴고 파도가 잔잔해졌다'고 했습니다. 감동입니다! 밤바다 위에 환하게 비치는 달빛의 부드러움은 어둠과 혼란을 품고 그게 다 녹아든 그윽한 장관이죠. 무게감을 보듬은 고요함이고 연륜을 머금은 우아함이네요. '바다 전복 채취 체험'으로 심연의 빛을 획득하네요.

꿈에는 기승전결이 있는데 결이 빠져 있는 꿈이 많아요. 반면 이 꿈은 이보다 더 아름다운 결말을 상상하기 어려울 정도로 완결된 구조를 보여줍니다. 꿈은 감동에 취하게 하는 한 편의 시詩인가 봅니다.

두 아이 엄마의 커다란 감자

꿈이 너무 생생해서, 며칠이 지났는데도 선명하게 기억이 나
네요. 단체로 감자밭에 봉사활동을 간 건지, 감자를 캐고 있었
습니다. 저는 감자를 캐는 데 소질이 없어 대충 호미로 캐는
척만 했는데, 갑자기 누군가 저에게 '엄청 큰(제 얼굴보다) 감자'
를 쑥 들이밉니다. 그때 잠에서 확 깼는데 감자를 들이미는 그
순간이 너무 생생해서 아직도 눈앞에 그 커다란 감자가 떠다
니는 것만 같아요. 이거 무슨 꿈인가요? 설마 태몽은 아니겠
죠?

꿈에 대해 궁금해하는 분들이 가장 자주 하는 질문 중 하나
가 '태몽'입니다. 이 질문의 빈도수만큼 태몽이 많다면 인구절
벽이 일어날 일도 없을 겁니다. 이런 질문을 자주 받으면서 한
가지 궁금증이 생겼습니다. 사람들은 어떤 꿈을 태몽으로 간주

하는지, 또 태몽이었으면 하고 바라는 마음에는 어떤 욕구가 숨어 있는지입니다.

태몽은 새 생명의 탄생을 예고하는 꿈입니다. 탐스러운 과일, 금은 반지나 보석, 호랑이나 용 같은 상서롭게 여기는 동물, 이 꿈처럼 놀라운 크기나 양의 수확, 품이나 치마폭으로 떨어진 아기, 신화적 동물의 등장 등 아주 다양합니다. 꿈에 관한 일반인의 지식 중 태몽에 관한 상징이 비교적 친근하고 또 직간접으로 '이런 꿈을 꾸고 나서 임신했더라'라고 확인할 기회도 상대적으로 많아서 '태몽'을 판단하는 것은 비교적 쉬운 것 같습니다. 실제 이 꿈을 꾼 분처럼 본인이 '임신'과 무관하다는 걸 알면서도 이런 질문을 하기도 합니다. 그런데 이는 의미 없는 우연이 아닐 수도 있습니다.

자연의 기름진 밭이든 여인의 자궁이든 그 결실은 '수확'이고 '출산'입니다. 오랜 농경시대를 거쳤기에 땅은 풍성한 수확을 약속하는 자궁이라는 인식이 우리 DNA에 깊이 각인되었습니다. 농경의 기억이라 해야 할까요? 예나 지금이나 변함없이 땅은 무한한 수확의 보고입니다. 그렇다면 지금 나에게 가장 간절한 출산은 어떤 것일까요? 아마 이 꿈은 그런 질문을 해보라는 초대라고 생각됩니다.

누군가 내 코앞에 감자를 쑥 들이밀었는데 그 크기가 놀라

위요. 꿈에서 커다란 크기는 강조를 뜻합니다. 자연계에 존재하지 않는 크기는 '엄청 중요해'라고 말하는 꿈의 과장법입니다. 이렇게 강조하는 이유와 나의 태도가 연관이 있어 보입니다. 꿈 꾼 이는 봉사활동 가서 '대충 호미로 캐는 척만' 합니다. 오랜 농경시대가 인간한테 가르쳐준 교훈은 인내, 끈기, 성실이라는 정신적 자산입니다. 부지런히 땀 흘려야 수확할 수 있는 것이 농경의 문법이지요.

그런데 하필 왜 감자일까요? 감자는 인류가 기근을 극복하게 해준 혁명적 작물입니다. 본래 감자는 남미에서 재배됐는데, 생육 기간은 짧고 수확량이 많습니다. 이 감자가 다른 나라에 전해짐으로써 그야말로 최고의 난제 중 하나인 배고픔을 극복하게 됩니다. 프랑스에서는 처음 감자를 들여왔을 때, 사람들이 낯설어 먹으려 하지 않자 왕비였던 마리 앙트아네트가 전략적으로 재배했더니 다 훔쳐 가서 널리 퍼졌다는 이야기도 있습니다.

꿈에 등장한 커다란 감자는 여럿이 나누어 먹을 수 있음을 뜻합니다. 사실 나에게는 나눌 것이 많은데, 캐는 시늉만 하니 커다란 감자를 눈앞에 들이민 겁니다. 기억하지 않을 수 없는 일입니다.

태몽은 아이의 출산을 예고하는 꿈입니다. 이전에 없던 존재가 세상에 태어나는 것도 출산이지만, 무의식에서 새로운 의식이 태어나는 것도 출산입니다. 저는 '땅속에 뭔가가 있을 거야. 열심히 캐다 보면 놀라운 게 나올 거야.' 살면서 이런 호기심이 옅어지는 것이 참으로 안타깝습니다. 삶이란 아이가 태어났을 때와 같은 '유레카'가 끝없이 가능하다는 것을 믿어야 살아갈 의미가 있지 않을까요? 꿈은 이 소중한 진리를 일깨우려는 것 같습니다.

세상을 먼저 떠난 가족

가끔 먼저 세상을 떠난 가족들의 꿈을 꿉니다. 원래 꿈을 자주 꾸고, 잘 기억도 하지만 돌아가신 가족들 꿈은 유난히 생생하게 기억나서 머릿속에 각인되어 있어요. 돌아가신 외할머니는 꿈에서 먹을 것을 주십니다. 한번은 할머니가 입원한 병원에 간 꿈을 꾼 적이 있습니다. 그때 병원 침대에 누워 계신 할머니 옆에서 잠든 것 같은데, 등을 맞대고 누워 있던 할머니가 갑자기 제 입에 나물을 넣어주셨어요. 입안 가득 볼이 빵빵해질 정도로 초록색 나물을 꾸역꾸역 넣어주시는 거예요. "몸에 좋은 거야" 하시면서요.

또 다른 꿈에서는 제가 학생일 때였는데, 할머니가 밥을 차려주셨어요. 근데 제가 학교에 늦어 먹을 시간 없다고 헐레벌떡 뛰어나가니까 할머니가 도시락을 손에 쥐어주셨어요.

아빠는 해골처럼 비쩍 마른 모습으로 나타났어요. 원래도 마른 분이었는데, 얼굴이 거뭇한데다가 뼈밖에 없는 모습으로, 살아계셨을 때 일하던 그 책상에 앉아 있는 거예요. 제가 괜찮으시냐고 물으니, "괜찮아. 너나 잘해" 하시더라고요(이 역시도 살아계실 때 입버릇처럼 하시던 말이었어요). 돌아가신 후엔 편히 쉬시기를 바랐는데, 아빠 모습이 안 좋아서 더 오래 기억에 남는 것 같습니다.

돌아가신 분들이 꿈에 등장할 때가 많습니다. 대개 관심의 초점은 죽은 자의 모습과 메시지에 맞춰집니다. 아울러 죽은 사람이 하는 말이나 표정과 몸짓은 꿈에 등장하는 다른 어떤 내용보다 특별하게 받아들이는 경향이 있습니다. 그러다 보니 꿈에서 죽은 사람이 한 말을 마치 실제 일어날 일로 받아들여 그대로 따라야 하는 것으로 오해하는 경우도 있습니다. '지금 나한테 꼭 해줄 말이 있어서 죽은 조상들이 내 꿈에 나타난 거야'라고 생각하는 것이 맞습니다. 죽은 사람뿐만 아니라 꿈에 등장하는 모든 요소, 즉 사람과 동식물, 그리고 무생물이나 밝기까지 어느 것도 꿈꾼 이의 심리를 반영하지 않은 요소는 없습니다. 따라서 꿈에 등장하는 모든 것이 자신을 알 수 있는 실마리가 된다는 사실을 잊지 말아야 합니다. 꿈을 사실대로 받아들이는 것이야말로 꿈이 전하는 말을 경청하는 데 최고의 장애물입니다.

돌아가신 아버지와 외할머니가 등장하는 이 꿈을 이야기하는 방식이 특이합니다. 이 꿈은 세 가지 꿈이 결합되어 있어요. 줄거리를 요약하는 방식이고요. 게다가 꿈에서 외할머니가 등장하면 먹을 것을 챙겨주시고, 아버지가 나오면 비쩍 말라서 힘겨워하는 모습이라고 했습니다. 이미 '내 꿈은 그래'라는 나름의 판단이 들어가 있어요. 꿈을 계속 들여다보면 패턴이 드러납니다. 그런데 꿈을 이런 식으로 단정 지으면 꿈이 일러주고 싶은 내용을 놓치기 쉽습니다. 할머니가 꿈에 연이어 나타났다고 가정해보면, 어제 꿈에 등장한 할머니 모습과 그 전날 꿈에 등장한 할머니 모습은 다를 수 있어요. 옷차림, 표정, 머리 스타일, 심지어 나이조차도요. 기억하는 모든 꿈속 세부사항이 주요한 정보입니다. 그런 면에서 일반화하거나 내 방식이나 틀을 갖고 꿈을 만나는 것은 바람직한 태도가 아닙니다.

이 꿈들을 단일한 꿈으로 간주해볼게요. 외할머니는 꿈꾼이에게 엄마 역할을 하셨던 것 같아요. 몸에 좋은 것을 입이 볼록하게 넣어주시고 바빠서 밥을 못 먹을 때는 도시락을 챙겨주십니다. 이런 할머니가 계셨다는 건 엄청난 행운입니다. 무조건 나를 챙겨 먹이시는 분이니까요. 내 꿈에 등장하는 모두가 나의 모습이라는 점을 떠올리면 어떤가요? 외할머니도 나예요. 나를 잘 챙겨 먹이는 사람이 바로 나입니다. 외할머니가 실제 그렇게 하셨겠지만, 할머니는 나에게 스스로를 돌보고 양육하는 법을 가르쳐주신 모델인 셈입니다.

　뼈밖에 없는 야윈 아버지도 나의 모습이라면 어떤가요? '나는 괜찮아' 소리를 입버릇처럼 하시지만 사실 괜찮지 않은 모습입니다. 낯빛도 칙칙하고요. 이 얼굴로 책상에 앉아 뭔가 일을 하고 계셨겠죠.

　꿈이 외할머니 장면과 아버지 장면을 대비시킵니다. 아마도 꿈은 지금 아버지처럼 살고 있는 건 아닌지, 외할머니를 떠올려보라고 말하고 싶은 것 같습니다. 외할머니가 입에 넣어주셨던 '푸릇푸릇한 나물'처럼 내 영혼에 좋은 게 지금 나에게는 무엇일까요? 휴식일 수도 있고 나를 아끼고 나와 성장의 걸음을 나란히 걷는 귀한 친구일 수도 있습니다. 또 하고 싶은데 나중에 하려고 미뤄둔 취미나 공부일 수도 있고요. 아마 외할머니라면 '공부 잘해라', '더 열심히 살아라' 하는 말씀은 하지 않았을 거예요. 있는 그대로 나를 예뻐하고 사랑하셨을 것 같습니다. 외할머니가 계셨다면 지금 나에게 뭘 해주셨을지, 한번 생각해보세요. 그래서 외할머니 자체가 내 삶의 자산입니다.

　꿈이 이미 돌아가신 외할머니와 아버지에 대해 말해주지는 않습니다. 꿈은 언제나 나의 건강과 성장을 챙겨줍니다. 꿈은 지금 나에게 가장 필요한 메시지를 전해주려고 돌아가신 외할머니와 아버지의 이미지를 이용했을 뿐이지요.

돌아가신 아버지와 뱀

저는 30대 미혼의 직장 여성입니다. 저는 아버지와 각별한 사이였는데, 돌아가신 지 3년이 채 되지 않았어요. 꿈에 종종 나타나시는데, 새해 첫날에 이런 꿈을 꿨어요.

우리 집 거실에 뱀이 있었어요. 노란 뱀이었는데 배는 하얗더라고요. 너무 무섭지만, 이상하게 싫지는 않았어요. 그런데 아빠가 나타났어요. 얼굴은 자세히 안 보였지만, 아빠라는 걸 알 수 있었어요. 아빠가 그 뱀을 몸에 감더니 그만 뱀에 물렸어요. 뱀에 물린 아빠가 피를 흘리는데, 살아생전의 그 평온한 얼굴로 "괜찮아, 물려도 괜찮아" 하시더니 다시 한번 "이봐, 괜찮지?"라고 저에게 물었어요. 이상하게 기분이 좋았습니다.

새해 첫날인 데다가 사랑하는 아버지가 꿈에 나와서 기억에 남네요.

새해 첫날 꾼 꿈이라면 올 한 해 전반에 걸친 내 성장의 주제와 연결되리라 생각합니다. 한 해의 주기를 시작하는 날 차례를 지내는 이유는 새 주기를 기념하고 무탈하기를 빌며 조상을 기리기 위해서입니다. 돌아가신 아버지가 꿈에 나와서 "괜찮지?"라고 애정 가득하게 말을 건네니, 얼마나 기쁠까요? 저는 설날이 산 자든 죽은 자든 서로 그리운 사람끼리 안부를 주고받는 날이면 좋겠습니다.

설날 집 거실에 왜 뱀이 출현했을까요? 뒤따라 아버지가 등장합니다. 아버지와 뱀은 하나로 연결되고 아버지가 뱀에게 물립니다. '괜찮아, 물려도 괜찮아' 하는 모습을 보니 뭔가 사연이 숨어 있는 듯합니다.

꿈에서 뱀만큼 복잡다단한 상징성을 가진 것도 많지 않습니다. 치유, 다산, 변형, 조상, 리비도, 남근 등이 다 연관되겠지만, 꿈에서 핵심적으로 강조하고 싶은 측면이 있습니다. 꿈에 뱀이 등장하면 공통되는 지점도 있습니다. 바로 변형의 상징이라는 점입니다.

뱀의 특성은 겨울이면 땅속으로 들어가 겨울잠을 자고 봄이면 다시 태어나고, 허물을 벗고 거듭거듭 죽고 태어나는 과정을 거칩니다. 그래서 제주 속담에 뱀은 절대 죽일 수 없다고 합니다. 뱀을 죽이려면 아홉 번 죽여야 한다고요. 이와 함께 뱀을 죽이면 그 사람도 죽는다는 미신도 있습니다. 신화나 꿈의 세계에서도 함부로 할 수 없는 호락호락하지 않은 동물입니다. 가장 대표적인 변형의 상징이라 뱀이 등장하면 큰 변화가 있다고 보아도 무방합니다. 탈피라고 할 정도의 변화입니다. 이 꿈에서 뱀이 거실에 나타났으니 분명히 이 집의 변화와 연관이 있을 듯합니다. 거실은 가족이 공유하는 공간입니다. 그렇다면 구체적으로 무엇이 변화한다는 걸까요?

두 가지가 떠오르는데, 하나는 아버지가 뱀에 물린 후 '너도 물려봐'라고 하듯 괜찮다고 강조합니다. 이는 남근의 상징이라 생각합니다. 아버지가 나와서 먼저 시연하였다면 가족 모두에게 필요한 문제라고 생각합니다. 결단, 판단, 분석, 정리, 추진, 빠른 행동처럼 예전에는 아버지에게 의존하던 것을 이제 스스로 해야 한다는 것을 보여줍니다. 세뱃돈보다 더 특별한 선물입니다.

또 뱀에게 물렸을 때 피가 났다고 했는데, 흔한 꿈 중 하나는 뱀한테 물려 이빨 자국이 선명한데 피가 안 난다는 내용입니다. 피는 혈연, 즉 집안의 문제와 연관됩니다. 종교적 갈등일까요? 아버지가 다 해결하지 못한 이 집안에 내려오는 상처는 뭘까요? 이처럼 중대한 집안의 과업이라면 1월 1일 날 꿀 만한 꿈임에 틀림없습니다.

잘린 머리카락과 닭

며칠 전 평소 잘 꾸지 않던 꿈을 몇 시간 간격으로 두 개나 생생하게 꿔서 신기하기도 하고 꿈 풀이가 너무나도 궁금합니다.

첫 번째

어느 날 지하철을 타려고 기다리는데 인상이 좋지 않은 자가 지하철을 기다리는 사람들에게 장난을 쳤습니다. 분위기상 사람들은 장난치는 게 싫었지만, 그 사람이 무서워서 아무 말도 못 하고 당하기만 했습니다. 저 또한 아무 말도 못 하는데, 이번에는 가위를 가지고 한 사람 한 사람씩 사람들의 머리카락을 자르는 시늉을 하더라고요. 제 차례에 와서는 전에는 자르는 시늉만 하더니 진짜로 머리카락을 잘랐습니다. 싹둑! 너무 당황스럽기도 하고 정말 화가 치밀어 올라서 그 사람과 싸우는 도중에 사람들이 말려 꿈에서 깼습니다.

두 번째

짧은 꿈인데요. 어느 한적한 곳에서 제 몸집만 한 닭이 저에게 달려왔습니다. 평소 닭뿐만 아니라 새도 무서워하는 제가 어떤 분위기에 휩쓸려 닭이랑 뽀뽀를 해야 하는 이상한 상황에 놓여 울며 겨자 먹기로 뽀뽀를 했습니다. 앞서 말씀드렸듯이 몸집이 상당히 커서 쭈그리거나 하지 않고 약간 구부린 채로 뽀뽀를 했습니다.

같은 날 두 개의 꿈을 꾸었네요. 하룻밤에 세 개에서 다섯 개까지 꿈을 기억할 때가 있습니다. 꿈을 잘 꾸지 않는다는 사람들도 많은데, 알고 보면 누구나 하룻밤 사이에 다섯 번에서 일곱 번 꿈을 꿉니다. 다만 꿈을 기억하지 못할 뿐입니다. '나는 꿈을 안 꿔'라기보다 '나는 습관적으로 꿈을 잊어버려'가 정확한 표현입니다. 건강과 성장을 도와주려는 꿈을 안 꾸면 안 됩니다. 꿈을 못 꾸면 정말로 큰일이 납니다. 꿈의 가르침을 중요한 삶의 나침반으로 삼는 사람이 꿈을 기억하지 못하면 길을 잃습니다. 꿈은 지금 자신에게 가장 중요한 건강과 성장의 메시지를 들려줍니다. 강조하고 싶을 때는 반복적으로 같은 꿈을 꾸기도 합니다.

같은 날 꾸는 꿈들은 공통 주제를 다룹니다. 그러면 이 두 꿈에 공통 주제가 있을까요? 한 꿈은 무서운 남자가 행패를 부리고 다른 꿈은 닭과 뽀뽀합니다. 이상하지요?

커다란 '닭'이 압도적입니다. 우리 선조에게 큰 닭은 대단히 중요한 상상의 동물입니다. 물론 봉황과는 달라요. 백제를 비롯해 고대 벽화와 부조에 큰 닭이 빈번히 등장합니다. 태몽으로도 자주 나오고요. 이 꿈에서 닭의 크기를 보면 원형적 닭 같아요. 범상치 않은 큰 닭과 뽀뽀하다니 놀라운 꿈입니다. 꿈에서 접촉이 일어나면 에너지 교류가 일어납니다. 뽀뽀를 했으니 특별한 닭한테 힘을 받은 것입니다. 닭이 나에게 부여한 힘은 구체적으로 어떤 걸까요?

이 닭이 수탉일 것 같은데, 수탉들은 만나면 싸웁니다. 이런 특성을 이용한 것이 바로 닭싸움입니다. 공격성이 대단한 짐승입니다. 사람들은 닭을 모방한 놀이도 즐깁니다. 한 다리를 들고 서로 들러붙어 힘겨루기를 하는 닭싸움이 있습니다. 수탉은 울음소리가 특별합니다. 새벽의 여명을 알리고 우주를 깨우는 기상나팔수입니다. 이 소리가 여명을 부르고 어두운 세력들을 물리친다고 믿었어요. 큰 닭과 관련해 전래하는 이야기가 이 꿈에 등장하는 닭 이미지와 잘 어울립니다.

앞 꿈의 배경은 지하철 플랫폼입니다. 지하세계이자 무의식 세계와 가까이 있어요. 당연히 뭔가가 나옵니다. 험상궂은 사람이 등장하는데, 지하에서 나와야 어울리는 인물입니다. 이 사람의 행패에 아무도 맞서지 못합니다. 나도 마찬가지입니다. 그러자 이 사람이 한층 더 무모해져 무기까지 들고 설칩니다. 가위를 들고 사람들 머리카락을 자르는 시늉을 하는 걸로 보아 지하세계의 이발사일까요? 그러다 곧바로 내게 와서 싹둑 머리카락을 잘라버리는데 처음부터 목표는 꿈꾼 이였나 봅니다. 여기서 반전이 일어납니다. 화가 머리끝까지 치밀어 올라 한판 붙습니다. 이 돌변의 순간, 아 그래서 머리를 건드렸구나 싶어요. 머리까지 차야 움직이니까. 그래서 저는 이 남자의 도발이 오히려 반갑게 느껴집니다.

두렵고 피하고 싶고 소극적이던 나에게서 내 안에 숨어 있는 전사의 힘을 불러내주었기 때문입니다. 제가 반갑다고 한 특별한 이유가 있습니다. 저도 꽤 뒤로 숨기 잘하는 위장 평화주의자였거든요. 제가 저의 공격성을 인정하고 수용한 순간은 삶에 중요한 터닝포인트가 되었습니다. 지켜야 할 것을 지키는 힘도 공격성이고, 제가 내담자들의 공격성을 받아내는 힘도 공격성이고, 악착같이 책을 써내는 것도 공격성이더라고요. 저 자신의 힘과 위험성을 알기에 파괴적으로 마구 사용하지 않을 조절력도 향상되었고요. 과거에는 매사 수동적인 모습이었는데 이제 제 안의 공격성을 인정하자 이 힘에 대해 주저하거나 쭈뼛거리지 않아 편해졌습니다. 이런 힘이 자긍심을 심어줍니다. 그래서 머리카락을 자르는 도발에 맞서는 순간이 상상만으로도 힘이 느껴지고 멋있습니다.

이 지하 인물은 누굴까요? 내 안 깊숙이 있어 좀처럼 꺼내 놓지 않은 자기 모습입니다. 내 꿈에 나온 모두가 자기 자신이라는 사실을 잊지 마세요. 이제 이것이 나인지 아닌지가 아니라 언제 어떻게 내 삶의 무대 위에 세울지가 중요한 물음입니다. 내가 어떻게 하느냐에 따라 서부극 보안관이 되기도 하고 뒷골목 악당이 되기도 합니다.

두 꿈 다 이런 야성의 드라마가 펼쳐질 만한 공간을 배경으로 합니다. 하나는 지하세계고 다른 하나는 어느 한적한 곳입니다. 전혀 다른 느낌의 장소지만 꽤 의식에서 먼 위치라는 공통점이 있습니다. 한 곳은 깊이로, 다른 한 곳은 수평적 거리 면에서요. 이른바 경계의 지역으로 들어갔으니 길들지 않은 인물이 등장하게 마련입니다. 이들이 나에게 온 게 아니라 내가 이들의 영역에 들어간 거예요. 한 수 배우기 위해서입니다.

이 자리에서는 구경만 하지 않고 진짜 접촉이 일어납니다. 내 머리를 만지는 접촉과 입술이 붙는 접촉입니다. 제 생각엔 내면 깊이 묻어두고 부인하던 공격성을 불러낸 것 같아요. 공격성은 인간이 오랜 진화사에서 살아남아 만물의 영장이 되기까지 가장 중요했던 힘입니다. 이것과 친해져야 합니다. 사실 이 문제가 현대 심리학에서 제일 커다란 난제입니다. 문명화된 사회는 인간의 공격성을 펼칠 장이 없습니다. 정말로 심각한 문제는 성의 억압이 아니라 공격성의 억압이라고 말합니다. 어떤 힘이든 바로 알고 친구가 되면 어떻게 쓸지 선택할 수 있습니다.

방전된 전화기

깜박 졸다가 꿈을 꾸었습니다.

낯선 기와집에 들어가는데 입구가 굉장히 좁았어요. 친한 동생이랑 겨우 들어갔는데 욕조 같은 변기가 있고 소변이 가득했어요. 냄새가 나서 물을 내리는데 빨리 내려가지 않습니다. 천천히 내려가요.

다음 장면은 전화를 받으러 갔는데 폴더폰이고 배터리가 없다고 뜹니다. 갑자기 그 방에서 쥐가 나와 오른쪽 손가락을 물어뜯어 "아얏" 하며 놀라서 소리치다가 깼습니다.

평소 꿈을 많이 꾸지만 다 잊어버리는 편인데 이상하게 이 꿈은 생생하네요.

이 꿈을 제가 꾸었다고 상상해볼게요. 이 집은 제가 오랫동안 방문하지 않은 곳 같아요. 잊고 있었던 집이죠. 그래서 낯설게 여겨지나 봐요. 이 집에 누가 살까요? 흔적이 있으니 빈집은 아니죠. 내가 이 집의 방문자라면 딱히 가고 싶지 않은 집입니다. 입구가 좁아서 들어가기부터 쉽지 않고 손님 맞을 준비나 배려가 전혀 없습니다. 도착하자 보이는 장면은 짜증나게 지린내가 진동합니다.

이 집이 내 영혼의 집이라면 어떤가요? '막혀 있다', '정돈되지 않았다', '답답하다'입니다. 내 몸의 상태를 나타내는 풍경이라 생각해보면 어딘가 막혀 있어 해소가 잘 안 되는 상태입니다. 온몸에 찌꺼기가 많은 듯한데, 배관이나 림프가 제 기능을 할까요? 한쪽에서 순환이 원활하게 이루어지지 않으면, 다른 기관이 과하게 일해야 합니다. 그래서 배터리가 다 닳았나요? 저라면 건강검진을 한번 해보겠어요.

저는 여기서 욕조 같은 변기가 다소 기이하게 다가옵니다. 너무 커서 그렇게 묘사한 것일까요? 아니면 욕조인데 더러운 물을 너무 오래 방치해서 오줌처럼 보일까요? 나를 정화하는 장소와 찌꺼기를 배설하는 장소가 혼재되어 있으면 곤란합니다. 이 집에 꼭 들어가야 했던 것 같습니다. 지린내 나는 광경을 봤으니 아무것도 안 할 수는 없죠. 흘러넘치는 오줌을 천천히 내려 보내요. 드디어 손대기 시작했습니다. 본격적으로 청소하는 것은 아니지만, 일단 가장 괴로운 것부터 손을 봅니다. 그러자 놀라운 일이 일어납니다.

그때 전화가 왔어요. 어디에서 왔을까요? 받으니 배터리가 없다고 뜹니다. 이 전화는 긴급 상황을 알려주는 구호 메시지 같습니다. 내 안의 응급상황실에서 보냈나 봐요. 이런 기능이 작동하다니 다행입니다. 마치 나의 행동을 기다렸다는 듯이 즉시 반응합니다. 배터리는 에너지원이잖아요. 정말 완전히 나가버리면 긴급 메시지도 못 받습니다. 흔히 너무 지치고 방전됐을 때 "배터리 다 떨어졌어"라고 말합니다. 당장 충전이 필요한 때입니다. 이때 쥐가 꽉 물어주네요. 따끔한 죽비 소리 같습니다. 정신 차리라는 일침입니다.

쥐가 택한 자리는 오른쪽 손가락입니다. 오른손은 일상생활에서 활발하게 사용하는 쪽입니다. 아마도 잠시 휴식하며 충전하라는 뜻이 아닐까요? 움직이고 정돈하고 집도 가꾸고 대청소하고 욕조 물을 가득 받아 몸도 담그고 쉬라는 것 같습니다. 그렇게 배터리를 충전할 필요가 있습니다.

쥐는 구석구석 안 다니는 데가 없습니다. 뇌의 해마가 유난히 발달한 동물이라 방향감각과 내비게이션이 탁월합니다. 나의 현주소를 정확하게 파악하고, 이미 행동 개시도 했습니다. 부지런한 쥐가 도와주면 앞으로 내면의 길 찾기는 문제없겠습니다.

화장실을 청소하다

대학교 4학년이자 취업준비생입니다. 취업 스트레스로 요즘 통 잠을 충분히 자지 못해 피곤합니다. 꿈도 자주 꾸는데 얼마 전 기억에 남는 꿈을 꿨어요.

지하철역에 있었는데 뜬금없이 벽을 밀어봤더니, 화장실이 나오고 그 화장실엔 정말 누런 물때가 두껍게 껴 있더라고요. "아우~ 더러워!" 그래서 저는 작은 솔을 들고 청소를 시작했습니다. 솔이 지나간 자리마다 새하얗게 빛이 나더라고요. 그렇게 점점 화장실이 깨끗해졌고 문득 뒤를 돌아보니, 벽이 문으로 바뀌어 사람들이 지나다니는 게 보였어요.

너무 생생한 꿈이었습니다. 중요한 시험을 앞두고 있어서 그런지 그 의미를 생각해보고 싶어지네요.

취업난 때문에 많이 힘들죠? 귀한 꿈 축하드립니다! 취업과

상관없다 해도 아주 중요한 꿈입니다.

지하철역은 땅 아래로 길을 낸 곳입니다. 보이고 들리고 만져지는 의식 아래라 무의식의 공간을 은유적으로 표현한 거예요. 신화에서 하데스의 세계와 같습니다. 꿈속에서 예기치 않은 곳에 화장실이 나옵니다. 지하라서 가능한 이야기 같은데 그 방식이 재미있어요. 마치 《해리포터》에서 마법의 세계로 빠지는 9와 4분의 3 플랫폼 같지 않나요? 이 꿈은 마법학교가 아니라 화장실을 청소하러 가네요. 이는 인생의 마법이 일어나는 자리입니다. 꿈에서 화장실 청소는 아무나 하지 않습니다.

초등학교에 다닐 때 귀신 이야기 중 백미는 화장실 귀신이었습니다. 달걀귀신도 화장실에 살고 색깔도 다양합니다. 알나리깔나리 낙서도 주로 화장실 벽에 합니다. 은밀하고 어둡고 습하고 아래로 깊이 뚫려 있어 무의식의 영들이 가장 활발하게 살 수 있는 여건입니다. 우리 조상은 화장실에 측신(뒷간을 맡아 지킨다는 여신)이 산다고 했습니다. 엄수해야 할 조건이 아직도 전해집니다.

내 안에 있는 어떤 살벌하고 흉악하고 추잡스럽고 음란하고 비겁하고 냄새나는 걸 안전하게 내놓을 곳이 있다고 한다면 바로 화장실입니다. 화장실은 정신 건강을 위한 최고의 성소입니다. 어쩌면 심리상담실은 이곳을 모방한 현대판 장소입니다.

이 자리를 발견해서 놀랍고 여기를 청소까지 하니 얼마나 기쁜가요? 솔이 지나간 자리마다 빛난다니 특별한 도구에 특별한 손을 가진 사람이 분명합니다. 놀랍게도 문득 뒤돌아보니 벽이 문으로 바뀌어 있습니다. 내가 지금 쏟는 노력이 무엇을 위한 것인지 문득 뒤돌아봤을 때 그 결과가 이렇게 선명하게 보이면 좋겠습니다.

벽이 문으로 바뀌었습니다. 내 마음에 쳐놓은 벽이 문이 되면 훨씬 유연하고 자유로우며 선택권도 많아집니다. 이제 다른 사람도 이용할 수 있습니다. 복잡했던 마음이 한결 가벼워집니다. 뭔가 모르게 삶이 달라진 느낌이 납니다. 가벼운 마음으로 시험을 보길 바라고 행운을 빕니다.

잡힐 듯 말 듯한 불안감

저는 어렸을 적부터 하늘을 나는 꿈을 꾸곤 했습니다. 누구나 날아보고 싶은 욕구가 있어 한번쯤 꾸었을 법한 꿈입니다. 그러나 저는 나는 꿈을 꾸면 높은 창공을 훨훨 나는 것이 아니라 사람들 키보다 조금 높이, 손을 뻗으면 잡힐 듯한 높이로만 납니다. 그리고 본인들 키보다 조금 높이 나는 저를 사람들은 항상 잡으려고 합니다. 잡을 수 있을 것 같아서 잡으려는 것인지는 모르겠습니다. 높이가 그리 높지 않습니다.

저를 쫓는 사람들을 피해 어딘가에 숨으면 결코 제가 숨은 곳을 보지 못하는데도 저 혼자 불안하여 긴장한 채 그 사람들을 응시합니다. 그 순간 그 사람들과 중간에 있던 벽 혹은 장애물이 없어져서 실제로 눈을 마주치게 되고 또 잡힐 듯 말듯 도망칩니다. 물론 높이 날지 못하고 사람들 키보다 조금 더 높게 날아서 말이죠.

단순히 그냥 나는 꿈이 아니라 항상 잡힐 듯 말 듯한 불안감이 큽니다. 이런 꿈은 어떤 꿈인가요? 무엇을 나타낼까요?

우리 내면에는 여러 마음이 있습니다. 내 마음이지만 한 방향으로 움직이지 않는다는 게 늘 문제입니다. 이런 마음도 있지만 저런 마음도 있고, 서로 반대 방향으로 잡아끄는 두 마음이 공존할 때 가장 고통스럽습니다. 누군가 그랬어요. 서로 모순되는 두 마음을 주면 사람을 가장 쉽게 망가뜨릴 수 있다고요. 이 꿈은 이러지도 저러지도 못하는 자리에 평생 갇혀 있다는 것을 말하고 있습니다. 정체된 삶은 사람을 괴롭힙니다.

나는 날고 싶은가요? 도망치고 싶은가요? 아니면 잡히고 싶은가요? 잡히고 싶지 않은가요? 나의 진짜 마음을 몰라 점점 혼란에 빠져듭니다. 그렇다 보니 아무것도 할 수가 없어요. 내 안에서는 고통의 맷돌이 끊임없이 돌아갑니다. 어릴 때 읽던 햄릿의 유명한 대사, "사느냐 죽느냐 그것이 문제로다"가 떠오릅니다. 나만의 문제가 아니라 현대인의 표상 같은 증상입니다.

사느냐 죽느냐의 고뇌는 실은 살지도 죽지도 못한다는 말입니다. 제가 이 꿈에 이름을 붙이면 하늘을 나는 꿈이라기보다 발을 땅에 못 붙이는 꿈이거나 제대로 날고 싶은 꿈이라고 하겠어요. 날려면 용수철처럼 힘차게 도움닫기를 해야 멀리 나아갑니다. 그런데 땅이 안전하지 못해 제대로 딛지도 발을 굴

211

려보지도 못합니다. 이토록 땅이 안전하지 못한 이유가 뭘까요? 어린 시절 자란 환경이 마음껏 뛰어놀 만큼 안전하지 못했구나 싶어요.

사람들 눈높이에서 손이 닿을 듯한 높이로 날아가는 모습은 간절한 염원이 담긴 행동 같습니다. "나 잡아봐라"가 아니라 "나 좀 잡아주세요. 땅에 발이 안 붙어요"라며 자신을 붙잡아주기를 바라는 것 같습니다. 그런데 이들은 잡을 수 있는데도 왜 잡지 않는 걸까요? 이렇게 힘든 상황에서 어떻게 해야 할까요?

이러지도 저러지도 못하는 고통스러운 상황인데 계속 이렇게 살아야 할까요? 꿈은 어떤 식으로든 벗어날 실마리를 제시해줍니다. 쫓겨서 도망치다 숨은 장소에서 그 가능성을 찾을 수 있습니다. 내가 숨은 곳을 아무도 몰라요. 그런데 내가 드러나 그만 사람들과 눈이 마주치자 중간에 있는 벽, 장애물이 없어진다고 했어요. 그래서 서로가 서로에게 온전히 노출됩니다. 가림막도 없으니 더 두렵지만 정확하게 쫓아오는 사람의 정체를 파악할 수 있습니다. 무기가 있는지? 센 놈들인지? 어떻게 생겼는지? 한판 붙으려면 상대를 제대로 알아야 합니다.

이 장면에 벽이 왜 들어갔을까요? '마주치면 장애물이 무너진다는 사실'을 가르쳐주는 장면입니다. 제대로 대면하는 것이 해결책이지만, 안타깝게도 나는 다시 공중부양이라는 오랜 습관을 택하고 맙니다.

꿈속에서 어떻게 해야 할지 곰곰이 생각해보세요. 저라면 영웅의 길을 택하겠습니다. 즉, 도망치기를 그만두겠습니다. 도망치는 꿈은 안 죽으려는 꿈입니다. 도망에 성공하면 다시 꿈은 반복됩니다. 계속 이런 꿈을 꾼 이유입니다. 꿈속에서 사느냐 죽느냐는 죽어보면 해결됩니다. 왜냐하면 죽음은 심오한 변화를 뜻하기 때문입니다. 사느냐 죽느냐 둘 중 하나를 택하는 게 아니라 죽고자 하면 산다는 뜻입니다.

나는 더 이상 어린아이가 아닙니다. 어릴 때는 환경의 지배를 받을 수밖에 없습니다. 그런데 지금은 어른입니다. 내 자리가 지옥 같으면 떠나면 되고, 누군가 폭력을 쓰면 그에 대응하면 됩니다. 또 도움도 받을 수 있습니다. 훨훨 날고 싶은 자유에 대한 욕구가 얼마나 강하면 계속 비슷한 꿈을 꾸었을까요? 제대로 한번 마음껏 날고 싶다면 꿈속에서 죽거나 죽이세요. 기적이 일어날 거예요.

자살 소식

졸업을 앞둔 20대 중반의 대학생입니다. 그냥 넘기기엔 찝찝하고, 누군가에게 말하자니 현실이 될까 봐 사연을 보냅니다. 제게는 10년 이상 좋아했던 가수가 있습니다. 그런데 어제 저녁 꿈에서 제가 좋아하던 가수가 자살했다는 소식을 접했습니다. 꿈 내용은 이렇습니다.

문득 제가 좋아했던 가수를 검색했더니, 그 가수가 자살했다는 기사를 뒤늦게 접했습니다. 그냥 죽음도 아니고 자살이라니. 게다가 너무 늦게 알게 된 죄책감이 더해져 가슴을 치며 오열하다가 잠에서 깼습니다.

오랫동안 좋아했던 가수이고, 그 가수의 야무지고 당찬 성격을 닮고 싶어 할 만큼, 제게는 가수 이상의 존재였습니다. 그런데 요즘 회의감이 들어서 잠깐 팬 활동을 내려놓았거든요. 팬들의 애정을 믿지 못하고 불안해하는 모습이, 오래된 팬 입장에서는 실망스럽더라고요. 하지만 이런 꿈을 꾸게 되니 그 가수가 너무 걱정됩니다. 최근 연예인이 자살하는 사건이 많아서 더 심란하기도 하고요. 해석 부탁드립니다.

연예인의 자살 소식이 잊을 만하면 한 번씩 터져 나옵니다. 인지도만큼 사회적 파장도 엄청납니다. 그런데 꿈에서의 자살은 전혀 다른 의미입니다. 좋아하는 가수가 나왔든 모르는 사람이 나왔든 실제 그 사람이 아니라 꿈에 등장한 사람들은 '나'입니다. 나에게는 없다고 생각하는 면모가 이 가수에게 있다고 생각하기에 꿈은 사실 이 가수가 자신이라는 것을 가르쳐주려고 등장시킵니다. 이 꿈처럼 '그 사람 죽었어'라는 소식을 듣거나 직접 죽이는 경우는 이제 꿈이 그 사람을 이용할 필요가 없어졌다는 뜻입니다. 왜냐하면 꿈꾼 사람이 이미 그게 자기의 특질이라는 걸 인지했기 때문입니다. 매번 죽음은 꿈이 '참 잘했어요' 도장을 찍어주는 것과 같습니다. 축하드립니다!

연예인이 누구인가요? 수많은 사람이 한 사람한테 특별한 재능이나 매력이나 아름다움을 투사하는 사람입니다. 대중의 별이죠. 관심이 주목된다는 말은 '투사를 많이 받는다'라는 뜻입니다. 관심과 사랑은 공짜가 아닙니다. 각자 나의 스타한테 '내가 보고 싶고, 내가 바라는 방식'으로 살기를 기대합니다. 스타 입장에서 보면 자신의 삶이 아니라 사람들이 기대하는 삶을 살도록 강요받는 것입니다. 이런 삶은 힘들지 않을까요? 세상에 공짜는 없고, 대가 없는 부상 또한 없습니다. 그들이 누리는 혜택만 본다면 절반만 보는 거예요.

나는 그 가수에게 나의 어떤 면을 투사했을까요? 나한테는 없는데 저 사람한테는 있다고 생각하는 것이 분명 있습니다. 꿈 이야기를 할 때 '다부지고 당찬 성격'의 소유자라고 묘사했는데, 아마도 자신은 그렇지 못하다고 생각하는 것 같습니다. 10년간 열혈 팬이었다가 '이거 아니지' 할 때 팬 활동을 멈추었다면 분명 다부진 결정을 내릴 줄 아는 성격인데 말이에요.

여기 재미있는 부분이 있습니다. '다부지고 당차서 좋아했는데' 다른 면모를 보게 됩니다. '팬들을 믿지 못하고 불안해하고' 이러니 실망스럽죠. 사실 많이 좋아할수록 이 실망의 순간은 더 가슴 아픕니다. 이때 질문을 던져봅니다. 이 가수에게 '다부지고 당찬 면'과 '불안하고 의심하는 면'이 둘 다 있지 않았을까요? 실망스럽겠지만 취약한 면모를 대면하는 것이 그 가수를 좀 더 제대로 보게 된 순간입니다. 이런 면이 보일 만큼 내 의식이 확장된 것입니다.

의식의 확장은 나의 노력으로 이뤄집니다. 꿈에서 죽음은 성장의 표식입니다. 자살은 나의 노력으로 이러한 성장이 일어났다는 뜻입니다. 대단한 일입니다. 어쩌면 이제 그 가수를 좀 더 다른 방식으로 좋아할 수 있지 않을까요?

유명인을 만나다

이금희 씨가 라디오 생방송을 진행 중입니다. 천장, 바닥, 벽이
모두 흰색이에요. 공간의 모든 것이 다 흰색뿐입니다. 흰색이
아닌 것은 사람뿐입니다. 그 공간에는 이금희 씨, 꼬마 두 명, 그
리고 내가 있습니다. 보이는 라디오가 진행 중입니다. 우리 넷
은 카메라에 찍히고 있고, 실시간으로 누군가 보고 있습니다.
이금희 씨가 라디오 진행 중에 노래를 틀더니 자리에서 일어
납니다. 한 꼬마를 향해 춤을 추면서 천천히 다가갑니다. 드디
어 꼬마 바로 앞에 도착합니다. 막대사탕을 과장된 동작으로
꼬마에게 쥐어줍니다. 꽃 한 송이 같습니다. 이금희 씨는 꼬마
의 이마에 뽀뽀합니다. 그리고 두 번째 아이를 향해 다가갑니
다. 똑같이 춤을 추면서, 사탕을 주고, 이마에 뽀뽀합니다. <뽀
뽀뽀>의 뽀미 언니가 생각납니다.
아이쿠, 이제 내 차례구나. 난 약간 민망해하면서 고개를 푹 숙

입니다. 잠깐만 참으면 모든 상황이 지나가겠지. 춤을 추며 다가오는 이금희 씨가 드디어 내 앞에 섰습니다. 난 눈을 꼭 감습니다. 이금희 씨가 나에게 뭐라고 말을 건넵니다. "당신은 어른이니까……" 어쩌구저쩌구 합니다. 그런데 아뿔싸, 이금희 씨가 내 입술에 자기 입술을 갖다 댑니다. 나는 순간 얼음이 되었고, 옛날 애인 생각이 납니다. 아찔했습니다.

정신을 차려보니 이금희 씨는 다시 테이블 앞에 앉아서 또박또박한 목소리로 유창하게 라디오 진행을 합니다. 그 후 잠에서 깼습니다.

저는 여자인데 이런 꿈을 꿨습니다. 도대체 무슨 꿈인가요?

이금희 씨처럼 분야를 막론하고 대중 앞에 서는 사람이라면 투사를 많이 받습니다. 단 한 번 만난 적도 이야기를 나눠본 적도 없어 그 사람에 대해 아는 바가 없지만, 나는 그 사람을 잘 아는 듯한 이들입니다. 유명인이 사람들 꿈에 빈번히 등장합니다. 이를 배움의 기회로 삼는 게 중요합니다. "나는 이 사람한테 무엇을 투사하지?" 이 질문부터 해보세요.

이금희 씨가 어떤 사람인지 자문해보면 친절하고 다정하고 사회성이 좋고 감성이 발달했고 목소리가 예쁘고 모두의 이야기를 다 들어줄 것 같습니다. 이건 저의 투사이기도 합니다. 제가 생각하는 이금희 씨와 다른 사람이 생각하는 이금희 씨는 다른 모습일 거예요. 어쨌든 자신에게 없는 부분이 이금희 씨에게 있다고 생각하기에 꿈에 나타난 것입니다. 다음 질문을 던질 차례입니다. "나에게 이금희 씨 같은 면이 있나?"

제가 이 꿈을 꾸었다면 선망이 욕망으로 탈바꿈하는 중요한 꿈으로 간주하겠습니다. 이금희 씨는 선망의 대상이라 생각됩니다. 라디오 스튜디오 장면을 떠올리면 모든 게 백색입니다. 마치 천상의 장면이 떠오릅니다. 현실에 존재하지 않을 것 같은 공간입니다.

이금희 씨의 움직임은 천사나 요정의 몸 사위네요. 음악을 틀어놓고 춤을 추면서 달달한 막대사탕을 아이한테 주면서 이마에 뽀뽀해요. 뽀미 언니는 아이들의 천사죠. 그런데 뽀미 언니는 누구일까요? 이상적인 엄마 아니면 최고의 언니 이미지입니다. 〈사운드 오브 뮤직〉의 줄리 앤드루스가 떠오르기도 합니다. 요정이 제 입술에 뽀뽀하네요. 제 감정이 묘한데 너무 원해서 과하게 수줍어하는 것 같아요. 뽀뽀의 순간 옛 애인의 추억까지 소환되네요. 입술의 기억이랄까요?

이 달달한 사탕 같은 드라마는 어떤 의미를 갖고 있을까요? 뽀뽀를 통해 내가 이금희 씨한테 투사하던 나의 표현 능력, 나의 창작의 힘을 동경만 하다가 드디어 접촉이 이뤄지는 것 같습니다. 그래서 애인 생각이 난 듯한데, 왜냐하면 우리는 사랑할 때 가장 창조적이기 때문입니다.

그런 후 아무 일도 없었던 듯 방송 진행으로 돌아가지만 꿈인지 생시인지 모를 엄청난 일이 있었던 겁니다.

선망이 욕망이 된다고 결론부터 말씀드렸는데, 이는 한 사람의 삶에서 혁명적 사건입니다. 선망은 아주 멀리, 아주 높이 있습니다. 선망의 실체는 빈 젖입니다. 빨고자 하는 갈망만 커지지 자양분을 섭취할 수는 없습니다. 빨아도 배고픈 빈 젖과 같습니다. 따라서 빨수록 배고픔은 더 커지니 더 빨려고 매달립니다. 이것은 고통의 사이클입니다. 이금희 씨를 지상으로 불러내면 이금희 씨가 만날 수 있는 눈높이로 내려옵니다. 용기를 내어 '나에게 이런 욕구가 있구나' 하는 점을 직시하면 욕구를 채울 방안이 생깁니다. 나의 욕구를 바로 알고 진솔하게 인정하고 그것을 채우려 노력하면요.

마침 창작의 권유를 받았으니 용기를 내어 뛰어들어보세요. 내 창조적 욕구를 마음껏 충족하고 발현하는 것보다 더 신나는 일은 없습니다. 꿈이 이 기회를 꼭 잡으라고 말해주는 듯합니다.

무너질 듯한 고향집

얼마 전 꾼 꿈인데, 너무 이상합니다. 제 고향은 경상북도에 위치한 자그마한 면 소재지입니다.

꿈 이야기를 하자면, 제 고향집은 13층 높이의 아파트이며 꼭대기 층에 있습니다. 제가 하늘 높은 곳에서 아파트를 보고 있어요. 우리 집을 제외한 나머지 층들은 다 부서지고 철근만 남은 상태이며 휘청거리고 위험한 느낌입니다. 집을 들여다보니 어머니께서 태연하게 지내고 있습니다. 금방이라도 무너질 것 같아 걱정되어 어머니께 거기서 당장 나오시라고 소리칩니다. 그제야 알겠다며 태연하게 나가는 장면에서 끝이 납니다. 아파트가 금방이라도 무너질 것처럼 위태로워 깨고 나서도 잔상이 오래 남았습니다.

안 좋은 꿈일까요? 어떤 꿈인지 해석해주세요.

고향집은 참 많은 정념을 불러일으킵니다. 외국에서 한인 타운에 가보면 고향집이라는 식당이 하나씩은 있습니다. 고향 사람, 고향 맛, 고향 인심 등 고향이 붙으면 구수해집니다. 누구에게나 고향은 절절한 그리움의 대상입니다. 꿈이 보여주는 '고향집이 위태롭다'는 것은 무슨 뜻일까요? 이 이미지로 내게 무슨 말을 하고 싶은 걸까요?

엄마와 고향집은 따로 생각할 수 없는 조합입니다. 겹쳐지는 정서가 참 많습니다. 태어나기 전 본래 고향이 엄마의 자궁이어서 그런가 봅니다. 고향은 어머니의 자궁과도 같습니다. 언제 돌아가도 따뜻하고 푸근하고 안전한 곳입니다. 이곳이 있어 안심하고 떠돌기도 하고 언젠가 돌아가리라는 기약도 품을 수 있습니다. 여기에 선조의 기억까지 소환하면 자궁은 무덤이기도 합니다. 우리가 죽으면 다시 태아로 돌아가는 곳입니다.

엄마, 자궁, 고향이 위태위태한 모습을 바라보는 느낌은 어떨까요? 저에게는 기반이 흔들리는 존재론적 위기로 다가옵니다. 존재론적 위기는 언제, 왜 나타날까요? 그 하나는 어머니의 건강 상태입니다. 연로한 어머니의 모습은 뼈도 약하고 근육의 힘도 빠지고 딱 이 아파트 건물과 같습니다. 시간이 뭇 생명을 땅으로 되돌리려는 힘이 얼마나 강한지, 그리고 이는 누구도 피해 갈 수 없다는 사실을 어쩔 수 없이 확인하게 됩니다. 이 사실은 어머니의 모습에서 더 뚜렷하지만, 나의 모습이기도 합니다.

실제 어머니의 연로함은 내가 이미 신체적으로 이 주기에 진입했다는 뜻이기도 합니다. 덧붙이자면 이 아파트 모습을 내 신체와 대비하면서, 내 몸의 골조인 뼈나 구조에 대한 상태 점검이 필요할 듯합니다.

견고한 집, 안전한 땅, 흔들리지 않는 기반은 모든 것의 기준점이며, 이에 대한 무의식적 믿음은 절대적입니다. 항구성, 불변에 대한 인간의 갈망은 어마어마합니다. 이에 대한 도전은 엄청난 기회일 수도 있고, 동시에 엄청난 저항을 불러올 수도 있습니다. 만일 더욱 수구적인 태도로 임한다면 이러한 악몽은 계속됩니다. 엄밀히 말해서 성장과 진화의 여정에서 어쩔 수 없는 과정이라고 받아들여야 합니다.

노인이 준 선물

며칠 전 꿈을 꾸었는데, 길을 가다가 길고 하얀 수염이 인상적인 노인이 저를 불러세웠습니다. 할 말이 있다고 해서 쪼르르 다가서자 노인이 몇 걸음 가다가 갑자기 지팡이로 땅을 내리쳤습니다. 그러자 지팡이에서 푸른 나무가 솟아올라 열매가 맺혀 저에게 다가왔죠. 노란 금덩이도 제 옆에 와서 자리를 잡았습니다. 순간 놀라 물어보자 이게 다 제 것이라고 하면서 유유히 사라졌어요.

그 순간 저도 잠에서 깨어났죠. 정말 다시 생각해도 신기한 꿈이라 며칠이 지나도 여운이 깊게 남습니다. 이 꿈은 어떤 의미를 담고 있는지 알려주세요.

평생 몇 번 꾸지 않을 법한 대단히 신기한 꿈들이 있습니다. 도인이 나와서 지팡이로 땅을 '탁' 치자 마른 땅에서 무성한 나무가 자라고 곁에는 금덩이가 잔뜩 쌓여 있다니, 마치 동화 속 나라 같습니다. 동화의 세계와 꿈의 세계와 신화의 세계는 '옛날'이라는 같은 시공간을 공유합니다. '사람이 날아다니고 물이 거꾸로 흐르는' 마법이 일상인 곳입니다. 그래서 동화 같은 이 꿈이 전혀 낯설게 느껴지지 않습니다.

꿈은 상징과 은유로 표현됩니다. 우리에게 익숙한 '문자 그대로 사실주의'는 현대인이 숭배하는 신념입니다. 꿈은 깊이의 보물인데 표층 아래로는 들어갈 수 없는 사실주의가 꿈을 오해하고 왜곡합니다. 이 시각은 꿈뿐 아니라 세상을 보는 눈 또한 왜곡합니다. 많은 이들이 꿈을 통해 깊이의 언어, 이미지의 언어와 대화하는 법을 배웠으면 좋겠습니다. 직해주의자들에게 꿈은 황당하고 비현실적이고 의미 없는 횡설수설일 뿐입니다. 그러나 이는 분명히 오류를 넘어 파괴적입니다.

이제 이 옛이야기 같은 꿈이 무슨 말을 하려는지 볼까요? 긴 지팡이를 들고 하얀 수염이 달린, 멋진 노인이 등장합니다. 전형적인 도사나 산신령 이미지입니다. 요즈음 아이들에게는 현자나 마법사로 익숙한 이미지겠습니다. 하얀 수염은 천년만년 오래 살았고 특별한 힘이 있는 존재라는 걸 암묵적으로 시사합니다. 이들의 필수품인 지팡이는 권위의 상징이자 마법의 도구이기도 합니다.

동양이면 신선, 서양이면 마법사인 이 존재가 마법을 보여 줍니다. 지팡이로 내리치자 푸르른 나무가 솟아나고 열매까지 풍성하게 달립니다. 이 모습은 마치 아테네와 포세이돈을 합쳐 놓은 듯합니다. 포세이돈은 땅을 쾅 쳐서 샘물을 솟아나게 하고, 아테네는 올리브나무를 선사해서 아테네라는 도시의 수호 신이 되었습니다. 이 도인이 훨씬 고수인지 혼자서 두 가지를 모두 해냅니다.

나무를 묘사한 표현에는 '무럭무럭 자란다, 쭉쭉 성장한다, 풍성한 결실을 본다' 등이 있습니다. 가까이서 '성장, 발달'이란 나이테를 가시적으로 관찰할 수 있는 것이 나무입니다. 나무의 성장과 평생에 걸친 나 자신의 내적 성장을 대비해볼 수 있습니다. 누구는 자라다 멈추고 누구는 불균형으로 자라고 누구는 무럭무럭 자라서 풍성한 결실을 봅니다. 마법사가 내 눈 앞에서 이 장면을 초고속으로 시연하는 게 아닐까요? 지팡이로 무성한 나무가 다 자라서 나에게로 다가옵니다. 그리고 금덩이도 나에게로 옵니다. '자세히 보라'는 의미로 해석됩니다.

나무의 만개가 그러하듯 금덩이도 완성의 의미입니다. 가장 기본적인 물질을 영원불변하는 최상의 물질로 만들어내는 연금술의 최종 산물이 금입니다. 인류의 조상이 그토록 매진했던 연금술은 내면의 황금을 구하는 구도의 길이었습니다.

이 엄청난 것들이 나에게 왔습니다. 그리고 흰 수염 휘날리는 노인은 이게 모두 내 것이라고 말해줍니다. 저는 이 그림이 과하게 황홀해서 트릭이 있는 것 같습니다. 마지막에 노인이 '유유히' 떠나는데, 이제 그 의미는 네가 파악할 때라고 말하는 듯합니다.

제가 본 초고속 성장 나무와 황금은 시연이 아닐까요? '이게 삶이 만개하는 모습이야', '네가 다 자라면 이렇게 돼', '그런 의미에서 모두 다 네 것이야'라고 말하는 이면에는 다음과 같은 속뜻이 있습니다. 꿈꾼 이가 이 모든 풍요와 보물이 본래 내게 주어진 가능성임을 온전히 믿지 않기에 확인시켜주려는 것입니다.

저에게 제일 아름다운 말은 '불성佛性이 있다'는 것이고, 제일 무서운 말은 '이를 깨닫는다'는 것입니다. 그래서 이 동화 같은 꿈이 저에게는 오싹하게 느껴집니다.

교수형을 당한 엄마

다섯 살 아들이 다니는 어린이집 선생님이 사형집행관으로 나와서는 제 목에 하얀 끈을 걸고 사형시키더라고요. 전 그렇게 사형을 당했는데, 죽고 나서 뭐가 그리 좋은지 죽은 후에도 웃고 떠들더라고요. 꿈 때문인지 평소보다 조금 더 이른 시간에 일어나 꿈 이야기를 적었습니다. 도대체 무슨 꿈일까요?

사형당해도 싱글벙글하는 모습이 마치 꿈 말을 알고 하는 행동 같아요. 듣기만 해도 행복합니다. 대한민국 엄마들의 귀감입니다. 아이가 어린이집에 간다는 것은 엄마 품을 떠나서 독립의 첫 계단에 있다는 뜻입니다. 이 순간은 아이에게도 힘들지만 엄마한테도 엄청난 도전입니다. 꿈은 첫 관문을 잘 통과했다고 말하고 있습니다.

엄마의 죽음과 아이의 성장은 맞물려 있습니다. 아이가 내

품을 떠나 어린이집 선생님의 품으로, 우리 집에서 어린이집으로, 새 자리에서 새롭게 태어났습니다. 아이 나름의 사회생활이 시작됩니다. 아이 삶의 지평이 엄청나게 넓어졌습니다.

은유적으로 말하면, 아이가 성장할 때마다 엄마는 죽습니다. 한 몸이었다가 분리되는 순간이니 얼마나 고통스러울지 엄마들은 모두 알고 있습니다. 너무 예뻐서 물고 빨고 품고 싶은 유혹이 엄청납니다. 그래서 엄마가 의식적으로 노력하지 않으면 큰일이 납니다.

어린이집 선생님이 나를 교수형을 시킵니다. 그다음엔 학교 선생님이 또다시 나를 죽입니다. 그사이 아이는 무럭무럭 독립적이고 책임 있는 성인으로 성장해갈 것입니다.

죽이는 방법도 여러 가지인데 왜 교수형일까요? 교수형은 끈으로 머리와 몸을 분리시킵니다. 이는 본능과 이성의 분리를 뜻합니다. 몸은 아이에게 달려가는데, 머리는 놓아야 한다고 하면 이 자리에 처형이 일어납니다. 성숙한 모성은 몸과 지혜가 같이 가야 합니다. 아이를 하나의 인격체로 독립적으로 키우기 위해서 필요한 일입니다.

큰아이의 불길한 태몽

저는 남자아이 둘을 키우는 엄마입니다. 사실은 누구에게도 털어놓지 못한 꿈 이야기를 하려고 합니다. 큰아이의 태몽인데요. 흉몽일까 봐 아이가 중2가 된 지금도 입 밖으로 꺼내지 못했습니다.

수중의 나무집 아래로 저는 겁에 질려 수영을 합니다. 실제로는 수영을 잘 못하지만 꿈속에서 저는 수영을 잘합니다. 물속에서 누구에게 쫓기듯 도망 다닙니다. 그러다 시체(여자인 듯도 한)를 보고 너무 놀라서 결국 도망친 건지 아니면 그렇게 잠을 깬 건지는 모르겠습니다. 시체가 훼손됐는지는 모르겠고, 그저 물속에서 도망치다 죽은 사람의 형상을 만난 것 같습니다.

길지 않은 짧은 꿈으로 15년 전에 꿨지만 너무 악몽 같아서 아직도 생생히 기억합니다. 문제는 그런 꿈을 꾸고 얼마 안 있어 큰아이의 임신을 알게 되었고, 그 꿈이 태몽이라고 생각되었습니다. 시체를 본 꿈이 아이에게 어떤 영향이 있을까요? 요즘 큰아이가 학교 성적이 너무 나오지 않아 고민이 많은데요. 그 꿈이 마음에 계속 걸립니다.

15년 전 꿈이 아직도 생생하다면 이 꿈은 지금도 중요한 의미가 있습니다. 태몽 이야기부터 좀 할까요? 꿈꾸신 분은 이 꿈을 꾸고 얼마 안 지나 임신했기에 태몽이라고 생각했습니다. 어른들에게 '이런 게 태몽이야'라고 학습된 게 많습니다. 꿈을 꾸고 그런 패턴에 속해서 태몽으로 간주하는 경우가 대부분입니다. 또 이분처럼 꿈꾸고 난 후 임신 사실을 알게 되어 태몽으로 판단하기도 합니다. 아니면 임신 중에 꾸어서 태몽이라고도 합니다. 여하튼 꿈꾼 사람이 태몽이라고 간주하는 의견은 존중합니다. 그런데 여기서 저는 조금 다른 관점을 소개하고 싶습니다.

태몽이다, 아니다를 떠나 모든 꿈은 기본적으로 꿈을 꾼 사람에게 매우 주요한 메시지를 전해준다고 했습니다. 흔히 태몽이라고 하면, 이 꿈은 '태어날 아이에 관한 거야'라고 단정을 내립니다. 태어날 아이의 운명이나 미래를 예측하는 면이 분명 있을 겁니다. 제 경험으로 태몽과 그 사람의 운명을 연결해보면, '이렇게 이어지는구나' 하고 고개를 끄덕이게 되기도 합니다. 그런데 꿈은 언제나 여러 층위의 의미가 있습니다. 태몽도 마찬가지입니다.

저는 개인적으로 '태몽은 태어날 아이에 관한 거야'라는 단정, 이 자체가 부모가 자녀에게 얼마나 많은 투사를 하는지 여실히 드러내는 증거라 생각합니다. '꿈이 나한테 해주고 싶은 말이 뭘까'라는 질문 대신 이 아이의 삶은 어떨까? 아이에 대해 꿈이 무엇을 말하지? 내 꿈인데 나를 보기보다는 모든 관심이 아이에게 쏠립니다. 본능적으로 일어나는 일입니다. 그런데 부모는 본능 이상으로 성숙해야 합니다. 본인의 투사를 자녀한테서 거두어들이지 않으면 자동으로 아이는 부모가 원하는 삶을 살도록 강요받습니다.

아이는 나와 다른 존재라는 것, 그리고 내가 상상도 할 수 없이 귀한 존재라는 사실을 잊어버리면 '내가 좋은 것', '내가 꿈꾸는 것', '내가 생각하는 모범답안'을 주입하려 듭니다. 이 경우 '내가 살아내지 못한 삶을 네가 대신 살아줘'라는 폭력도 불가피해집니다. 이는 엄밀히 말하면 사랑이 아니라 자식을 이용하는 겁니다.

이런 비극을 연출하지 않게 비방을 알려드리겠습니다. 시선을 '나'에게로 돌리세요. 먼저 이 꿈에 적용해보세요. 지금까지 이 꿈을 기억하는 것은 그만큼 이 꿈이 나에게 중요하다는 뜻입니다.

꿈이 물속에서 일어난다는 사실이 흥미롭습니다. 물은 감정 정서와 연관이 있습니다. 임신 때보다 더 강한 감정 정서가 요동치는 시기가 있을까요? 내가 수영을 잘한다니 기분이 좋습니다. 감정 정서를 꽤 잘 다룬다고 생각할 수 있는 대목입니다. 여기서 질문을 던져보세요. '어머니'가 될 준비가 충분히 되었는가? 임신은 한 여성의 삶이 지금까지와 전혀 다른 삶의 주기로 들어가는 것입니다. 이런 변화를 맞을 준비가 되었는지 한번 자문해보세요. 상상해보건대, 이 시체는 나 자신입니다. 어머니가 되기 전의 내가 죽어야 어머니로 다시 태어나니까요. '이미 이 변화가 일어났어'라고 꿈이 말해주는 것 같습니다. 나한테 임신 사실을 알리고, 이 전환을 잘 맞이하도록 도와주는 꿈이라고 생각합니다.

15년이 지난 지금 나에게 주는 주요한 메시지는 뭘까요? 예전에 열다섯 살은 성인식이라는 통과의례를 하던 나이입니다. 남아메리카의 어느 원주민 부족에서 치러지는 성인식 장면이 뇌리에 선명하게 각인되어 있는데요. 부족 어른이 아이를 엄마 앞으로 데려와 "다시는 이 아이를 못 볼 테니 잘 봐둬라"라고 말한 뒤 데려갑니다. 저는 아이를 죽이는 줄 알았어요. 알고 보니 이 순간 이후로 너의 아들이 아니라 이제 마을의 용사로 태어난다는 뜻입니다. 내 아이는 죽었고, 한 성인을 만나게 되겠죠. 이런 통과의례가 사라진 것은 현대사회에 안타까운 일 중 하나입니다. 그래서 성인이 되는 경계가 어디인지 잘 모릅니다.

결과는 책임 있는 성인이 언제부터인지, 주어지는 책임은 무엇인지, 온통 혼돈 상태입니다.

자녀가 아들이라고 했는데, 우리 문화가 어떻든 이 나이가 되면 엄마의 양육 방법이 달라져야 합니다. 이전에는 내 품에 안고 끼고 보호하고 먹이는 일차적 양육이 중요했습니다. 이런 돌봄 없이 아이는 자랄 수 없습니다. 그간 대단히 수고하셨습니다. 그런데 이제 상황이 달라졌습니다.

이 시기에 엄마가 아이를 끼고 품으며 방향 제시를 하려고 들면 아이는 굉장히 혼란스러워합니다. 아이도 어른도 아닌 어정쩡한 상태에서 자기도 자기 안에서 일어나는 변화가 감당이 되지 않습니다. 거기에 엄마마저 다음 단계로 나아갈 아이를 붙잡고 있으니 더욱 혼란이 가중됩니다. 이게 모든 어머니의 운명이고 딜레마입니다. 특정한 때까지 아이한테 가장 필요했던 양육 방식이 이 시점부터는 아이 성장에 방해가 됩니다. 그러니 어린아이를 돌보던 일차 양육자는 또다시 죽어야 합니다. 물에 시체로 떠다니는 여인을 마주해야 할 때입니다.

그리고 엄마는 자신에게로 시선을 돌려야 합니다. 항상 아들을 향해 있던 눈을 아들에게서 내려놓는 것입니다. 내 삶에서 꼭 하고 싶은 게 뭔지, 나에게 의미 있는 삶이란 무엇인지, 이런 질문을 자신에게 던져야 할 때입니다. 현명한 엄마는 '자기 자신에게 좋은 엄마', '자신을 잘 성장시키는 엄마'입니다. 이것은 곧 자녀를 위한 길이기도 합니다. 왜냐하면 자녀는 '어떻게 살아라'라는 말이 아니라, '어떻게 사는지' 부모가 살아가는 삶을 통해 자연스럽게 배우기 때문입니다. 엄마 스스로 인생은 언제 어디서나 배울 게 있고 매번 배움의 과정이 삶을 더 풍요롭게 한다는 점을 보여주면 아이가 나이 드는 것에 대해서, 인생에 대해서 기대하고 살아볼 만하다고 생각하지 않을까요? 엄마는 점점 더 멋있어지고요!

반쪽짜리 나침반

중년의 미혼 독신 여성입니다. 며칠 전 직장을 그만두고 어디서 어떻게 살아가야 할지 스트레스로 잠을 설치는 와중에 꾼 꿈입니다.

어두운 밤에 어딜 가는 중인데 길도 불빛도 없는 밤안개 속에서 한없이 헤맸습니다. 조금 숨이 차던 차에 문득 '아! 나침반을 보면 되지! 진즉에 이 생각을 못 하고 그렇게 헤매다니, 괜한 고생을 했네!' 하며 이제 됐다는 기대감에 나침반을 얼른 꺼냈습니다. 나침반만 크게 클로즈업되어 보입니다. 고대 유물처럼 생긴 나침반은 검정 바탕에 알 수 없는 한자가 적혀 있었는데, 남쪽 칸만 하얀 칠이 되어 있었습니다. 뭔가가 적혀 있는데 가까이 들여다봐도 뭔지 알 수가 없습니다. 이상한 건 동서를 기준으로 반으로 잘려 아래쪽만 있는 반쪽짜리입니다. 북쪽이 있어야 할 반쪽이 없습니다. 읽을 수 없는 한자가 적힌

반쪽짜리 나침반을 들고, 어둠 속에 걸음을 멈추었습니다. 북쪽이 없어 방향을 찾을 수 없으니 불안하고 당황스러워하다가 잠에서 깼습니다.

이 꿈에서 저는 어떤 메시지를 얻을 수 있을까요?

최근에 직장을 그만두었다고 했는데 인생의 전환기에는 언제나 혼란이 있습니다. 직장은 인생의 많은 시간을 보내는 곳일 뿐만 아니라 에너지를 많이 쏟아붓고 헌신하는 곳이며, 삶의 중심이 되는 곳입니다. 오랜 직장생활은 그 사람의 정체성까지 형성합니다. 이게 사라졌으니 힘이 드는 것은 당연합니다. 얼마나 힘들어하는지는 꿈 이미지로 충분히 짐작이 갑니다. 안개 자욱한 불빛 없는 밤, 혼자 헤맵니다. 길도 없어요. 더 이상 무슨 말이 필요할까요?

꿈은 계속 헤매게 놓아두지 않는데요. 이 순간에 가장 필요한 나침반이 등장합니다. 꿈 전체 초점이 나침반에 모입니다. 꿈을 삶의 나침반이라고도 말하는데 나침반 속에 진짜 나침반이 등장했어요. 짜릿한 순간입니다. 저에게는 꿈속의 꿈 같습니다. 이른바 꿈의 고차방정식입니다.

나침반도 그냥 나침반이 아니라 고대 유물로 남겨진 진귀한 골동품입니다. 박물관에 있어야 할 나침반입니다. 꿈 또한 그 자체로 박물관이기도 합니다. 인류의 모든 지혜에 접근할 수 있어서 그렇습니다.

　나침반의 매력은 길을 잃었을 때 드러납니다. 좋은 선생님은 길을 헤매게 하는 분들인지 모르겠습니다. 헤매는 자리가 바다만큼, 우주만큼 넓어지지만 돌아올 자리가 확고하다는 것을 알게 하는 것이 좋은 선생님의 역할이라고 생각합니다. 꿈과 신화의 오디세이를 여전히 음미하는 이유입니다.

　나침반은 '방향을 알게 하는 것'이 주 기능입니다. 길을 잃지 않고 방향을 찾게 도와줍니다. 그런데 이 나침반은 왜 이리 이상하게 생겼을까요? 이 또한 고차방정식입니다.

　남북으로, 백과 흑으로 양분된 나침반입니다. 바둑판이 생각납니다. 남에는 글자가 있고 북은 아예 암흑입니다. 이 모양을 빛과 연관하면 밝고 환하고 따뜻한 남쪽 나라와 깜깜한 암흑인 북쪽 나라가 선명한 대비를 이룹니다. 남쪽은 의식의 빛이 투과되었고, 북쪽은 미지로 남아 있습니다. 이른바 의식과 무의식의 세계로도 보입니다.

　저라면 직장을 그만두었든 그만둘 수밖에 없었든 내 삶과 내 꿈이 나를 잠시 멈추게 한 것으로 받아들이겠어요. 지금까지 앞만 보며 열심히 살았는데, 이러한 삶의 방식이 계속되면 큰일나겠다는 점을 깨달아야 합니다. 왜냐하면 온전해야 할 내가 분할되어 있고 과하게 편향되어 있기 때문입니다. 이는 반쪽짜리

삶입니다. 그런 의미에서 이 나침반은 내 삶의 자취를 드러내는 계측기와도 같습니다. 남쪽에 모르는 글자가 쓰여 있다고 했는데, 절반의 시각은 내가 있는 자리도 정확하게 볼 수 없게 합니다. 그 자리가 전부라 생각할 때는 이게 편향인지, 잘못된 건지, 다른 길도 있는지, 반추할 비교 대상이 없기 때문입니다.

왜 나침반의 북반구는 없다고 묘사했을까요? 깜깜하다, 아무것도 안 보인다고 해도 될 텐데 '없다'고 했습니다. 이게 삶의 계측기라면 그간 없는 줄 알고 살았던 것은 아닐까요? '있는 줄도 몰랐다'입니다. 그런 경우 나는 '없다'라고 마침표를 용감하게 찍습니다. 한국 불교를 북미에 널리 전파한 숭산 스님의 핵심 가르침이 '오직 모를 뿐'이었습니다. 삶에서 우리가 탐색해주기를 바라는 영역이 많은데, 생각도 모험도 성급하게 파악하고 다 안다고 생각하는 게 현대인의 습성입니다. 사실 이게 만 가지 독의 근원인데 어떤 면에서 이 꿈은 지혜의 꿈으로 여겨집니다. 왜냐하면 삶의 방향이라는 면에서 모르는 글자투성이고, 북반구는 아직 완전히 미지의 방향이라는 점을 인식하게 해주기 때문입니다. 모른다는 걸 아는 것이 지혜입니다.

북쪽은 은유적으로 어떤 방향인가요? 신화에서 힌트를 얻어보면, 세계의 신화들은 한결같이 북쪽은 영혼이 궁극적으로 돌아가는 방향이라고 합니다. 우리 옛이야기에도 칠성신이 있어서 그쪽으로 머리를 두고 자면 안 된다는 미신이 있습니다.

아랍 지역에서는 북두칠성을 관을 끌고 가는 여인들이라고 이야기합니다. 삼국지에도 최고의 현자가 죽을 때 북두칠성 근처에 유성이 떨어지는 걸 보고 죽음을 알았다는 장면이 나옵니다. 신비주의 전통에서는 북쪽을 영혼의 방향이라고 합니다.

꿈은 궁극적으로 영혼의 나침반입니다. 성공 코드를 목표로 하는 자에게는 길을 가르쳐주지 않습니다. 영혼 코드라는 존재의 의미를 목표로 방향을 이끌고 제시합니다.

그래서 저는 이 나침반이 멋집니다. 학교, 회사생활, 일상에 매진한 지금까지의 삶을 이제 잠시 멈추고 방향을 다시 설정하라고 말해줍니다. 나침반이 동그랗듯 영혼의 목표는 온전함이라는 것을 알려줍니다.

독사에게 물리다

어젯밤 꿈에 제가 어딘가로 여행을 갔는데 전화가 와서 가방 지퍼를 열었습니다. 가방에서 독사가 얼굴을 내미는 거예요. 가방에 뱀이 있는 줄도 몰랐는데 갑작스러웠습니다. 너무 놀란 나머지 지퍼를 닫으려는데 눈 깜짝할 사이 뱀이 가방 밖으로 나와서 제 팔다리를 물었습니다. 너무 끔찍하고 무섭기도 하여 심장이 방망이질했습니다. 팔다리가 시퍼렇게 되고 피도 나서 우선 병원으로 갔습니다. 저와 같이 있던 사람이 뱀을 사진 찍었습니다.

병원에 도착해서 독사한테 물렸다며 뱀을 찍은 사진도 보여주고 빨리 치료해달라고 했어요. 그런데 시골 병원에서는 치료할 수 없다고 하여 다른 병원으로 갔습니다. 이때부터 팔과 다리가 조금씩 마비되기 시작했습니다. 결국 얼굴 근육도 움직일 수 없었습니다. 이대로 죽는구나 싶어 무섭고 두려웠습니다. 뱀은 검은색이었고, 징그럽고 끔찍했어요.

거기서 잠이 깼는데, 깨고 나니 팔다리가 저리더라고요. 그러고 나서 한참 있다가 다시 잠들었는데 계속해서 안 좋은 꿈을 꿨어요.

안 좋은 꿈이라는 말은 세상에서 사라져야 할 표현입니다. 중요한 꿈에 대한 올바른 표현이 아닙니다. 꿈속에서 여행을 갔기에 이 드라마가 가능해 보입니다. 여행이란 익숙한 일상의 리듬에서 벗어나 낯선 장소, 낯선 문화권에서 기존의 나를 둘러싼 틀을 내려놓는 시간입니다. 낯선 자리에서는 내가 지금껏 구축한 가면이 작동하지 않습니다. 가면이 아주 취약해집니다. 내가 정한 규칙이 적용되지 않는 이방인의 땅에 들어갔으니 새로운 일이 벌어지기 마련입니다.

저는 그룹을 지어 신화 공부를 다니는 사람이어서 비교적 여행할 기회가 많았습니다. 여행지에 가면 한 사람, 한 사람의 민낯을 만나는 놀라운 체험을 합니다. '어머 저렇게 아름다운 사람이었어', '저렇게 야성적인 사람이구나', '어린 시절 지난한 가족사 아니면 본래 얼굴은 저 천진함이겠구나' 하고 상대의 진짜 얼굴을 접합니다. 물론 가면을 너무 두껍게 써서 진짜 얼굴을 볼 수 없는 사람도 있습니다. 인생의 달달함만 있는 사람은 없다는 것도 알게 됩니다.

여행은 집에서 멀어지는 것이지만, 자기 안으로 깊이 들어가는 것이기도 합니다. 그래서 범상치 않은 일들이 일어납니다. 저는 모든 여행이 순례라고 생각합니다.

이 꿈의 여행담을 들어볼까요? 여행지에서 가방 지퍼를 열자마자 뱀이 쏟아져 나옵니다. 그리고 마구마구 무는데요. '있는 줄도 몰랐는데'라는 표현은 제대로 여행한다는 뜻입니다.

지퍼를 왜 열었어요? 잠깐 스쳐 지나가는 묘사지만, 전화를 받으려고 열었다고 합니다. 어디서 온 전화일까요? 저는 심층의 내면과 대화하는 통화라고 짐작합니다. 그러니 나를 열게 만들죠. 그 안에 뭐가 들었는지 보라고요. 아직 얼떨떨한 저는 당연히 옷가지와 세면도구가 있을 거라 생각하지만, 꿈은 그 정도의 상상력을 넘어섭니다. 허를 찌릅니다. 사실은 뱀을 가방에 넣고 여행을 온 것입니다.

여기서 뱀의 마음을 좀 헤아려보면, 뱀은 가방에서 오래 기다린 듯 나오자마자 물고 또 뭅니다. 그때 누군가 현장의 뱀 사진을 찍습니다. 이것은 기념할 만한 일이기 때문입니다.

역시 재미있네요. 병원에 갔는데 치료를 안 해줘요. 더 큰 병원에 가니 상태가 더 악화되었습니다. 심지어 마비도 일어납니다. 제가 꿈을 꿨다면 뱀에 물렸을 때 병원이 아니라 어디로 가야 할지 알아차렸을 것 같아요. 저라면 '고대의 병원'으로 갔을 거예요. 의료와 종교가 분리되지 않았던 시절. 치유가 신전에서 일어나고 병원이 성스럽던 시기가 있었습니다. 선조들은 훨씬 통합적이고 유기적인 삶의 지혜가 있었죠.

본격적인 의료의 시작이라고 할 수 있는 그리스의 아스클레피오스Asklepios 신전을 가보면 목격할 수 있습니다. 아스클레피오스 신은 의술과 치유의 아버지였습니다. 그 자리에 처음 갔을 때 제 느낌은 '여기 오면 안 나을 병이 없겠구나!'였어요. 아름다운 자연에, 원형 극장에서 인간의 희비극이 상연되고, 꿈을 통해 신탁을 듣고, 각종 마사지나 아로마테라피 등 모든 것이 다 있습니다. 당시의 수술 도구를 보면 현재 사용해도 무방할 정도입니다. 뇌수술을 했던 증거도 있습니다. 진정한 치유와 병원이 어떠한 곳이어야 하는지 고대 그리스인은 이미 파악하고 있었던 것 같습니다.

꿈 이야기로 다시 돌아가, 신화에 등장하는 뱀을 한번 보세요. 전 세계에서 뱀처럼 널리 숭배받는 동물은 없습니다. 한국도 오랫동안 뱀 신앙의 역사를 가진 나라입니다. 뱀은 언제나 특별합니다. 숭배하거나 혐오하거나 양 극단의 반응을 불러일으킵니다. 사실 뱀한테 물려 죽는 사람은 많지 않은데, 공포는 엄청나게 과장되어 있습니다.

현대 의료의 상징이 왜 뱀일까요? 병원 문 앞에 지팡이를 타고 양쪽으로 올라가는 뱀 문양을 볼 수 있습니다. 우리 옛 속담에 뱀을 따라가면 영약을 구한다는 말이 있습니다. 동서양이 공통으로 뱀은 '치유의 비밀을 갖고 있다'고 믿었습니다. 뱀은 최고의 지혜를 상징하기도 합니다. 성서에는 '뱀처럼 지혜로워라'라는 구절도 있습니다. 예전 시골에 집마다 '집지킴이'로 뱀이 있었습니다. 저는 어릴 때 시골 할머니 댁에서 본 적이 있어요. 집의 수호신이라 뱀이 집을 나가면 그 집이 망한다는 미신도 있었습니다. 논의 신도 뱀신이라 전국의 곡창 지대에 곡식 창고를 지키는 신은 뱀신입니다. 그리고 제주도 뱀 신화를 보면 뱀을 꼭 여자 치마폭으로 받는데, 남근적 요소가 분명히 있습니다.

꿈으로 다시 돌아가보겠습니다. 물리고 멍들고 마비되었다는 것은 뱀과 확실한 접촉이 일어났음을 보여줍니다. 접촉 정도가 아니라 주입입니다. 그게 지혜이든 남성성의 힘이든 치유의 비법이든 풍요나 다산의 힘이든 주입되었습니다. 꿈꾼 이가 영성적 욕구가 많은 사람이라고 짐작됩니다. 뱀에 물리는 꿈을 많이 봤지만, 이렇게 온몸이 멍들도록 물리고 마비까지 오는 경우는 못 봤어요. 적당히 우아하고 평이하게 사는 게 삶의 선택은 아닙니다. 무의식이 전화도 걸고 뱀도 보내는 것을 보면 꿈이 나를 위해 커다란 모험을 계획하고 있나 봅니다. 나를 제대로 알고 내가 원하는 대로 사는 것이 최선입니다. 뱀이 아무나 무는 것이 아니기에 선택받은 겁니다.

5장

일은 고단하지만 잘될 거예요

꿈이 건네는 말

집 마당에 주차된 버스

어릴 때 살던 집에 커다란 버스가 후진 주차되어 있어요. 대문은 활짝 열려 있고 버스 뒤쪽이 야외 화장실 문 앞까지 닿아 있어 '어? 남자 화장실 문이 열릴까?' 하고 의아해했습니다. 버스에는 4~5명이 타고 있고 화장실 문이 겨우 열릴 수 있게 다시 주차합니다. 나도 그 버스 안에 타고 있어요. 뭔가 조사를 하다가 끝내지 못한 채 우리 집에 주차를 해야 하는 상황이 된 것 같아요.

잠을 깨고 생각해보니 어릴 때 살던 집은 대문을 열면 오른쪽에 남자 소변기가 있는 화장실, 왼쪽에 남녀 대변기가 있는 화장실이 나란히 있었어요. 그런데 왜 꿈속에서는 남자 화장실 문이 열릴지에 대해서만 걱정을 했을까요? 또 집 앞 골목에 주차해도 충분한데 굳이 집 마당에 했을까요?

몇 주 전 직장생활로 인한 과로와 스트레스로 장염을 앓아 일

직장생활에 치여 힘든 상황일수록 지금 내가 어디에 있는지
자세히 들여다봐야 합니다. 건강을 해칠 정도로 스트레스가 심
하다면 그 원인은 한 가지가 아니라 여러 요소가 복합적으로 결
합되어 있을 거예요. 일 자체가 버거울까요? 본인이 감당하기
에 너무 과중한 업무량일까요? 적성에 맞지 않는 일을 억지로
인내하며 버티고 있는 상황일까요? 아니면 인간관계가 힘들어
과하게 에너지를 사용하고 있을까요?

입원을 해야 할 만큼 몸이 신호를 보내고 있는데 이 경고를
무시하면 안 됩니다. 무엇 때문에 힘이 드는지 자신을 들여다봐
야 합니다. 이럴 때 꿈에 물어보는 것이 최선입니다. 꿈은 언제
나 꿈을 꾼 사람의 건강과 성장을 도와주기 때문입니다. 지금
상황을 이해할 수 있는 객관적인 전체 그림이나 해결의 실마리
를 꿈에서 얻을 수 있습니다.

꿈에게 물어보는 것이 낯설게 들릴 수도 있습니다. 하지만
저는 오랫동안 꿈과 대화하면서 힘들 때도, 중요한 결정을 내릴
때도 많은 도움을 받았습니다. 의식적으로 파악한 정보나 판단
보다 제 무의식이 훨씬 더 크고 지혜롭다는 사실을 오랜 경험을

통해 알게 되었습니다.

꿈 이미지 속으로 들어가 보면, 먼저 집 대문이 열려 있고 버스가 집 안으로 밀고 들어와 주차된 장면이 눈길을 끕니다. 마당을 가득 차지한 버스를 생각만 해도 답답하고 불편한데요. 대문이 제 기능을 못 하고 있어요. 가족이 대문을 마음대로 여닫을 수 없다면 어떻게 될까요? 사생활 노출은 물론 누구든 들락날락 할 수 있겠죠. 집이 가족을 보호하는 보금자리라는 느낌이 사라집니다. 그런데 꿈속에 나온 집이 현재 사는 집이 아니라 어릴 때 살던 집이에요. 아마도 지금 문제가 과거에서 비롯되었다고 생각하는 것은 아닐까요?

왜 하필 버스일까요? 어릴 때 어떤 집단이 우리 가족 안으로 깊숙이 침범한 적이 있었던 건 아닐까요? 일가친척일 수도, 종교단체일 수도, 가족 중 누군가 소속된 기관일 수도, 아니면 트라우마를 남긴 사건일 수도 있습니다. 누가 이렇게 무지막지하게 남의 집 안으로 침범했을까요?

기본적으로 집이란 건축물에는 담장이 있고 대문이 있어요. 이게 이웃과 우리 가족의 자리를 확실히 구분하고 울타리 안에 사는 가족을 보호하죠. 자유롭고 건강한 인간관계가 가능하려면 필수 요소가 적절한 바운더리boundary(영역)예요. 꿈속에 나온 집은 그 바운더리를 침해당했어요.

어릴 때부터 바운더리를 침해당한 상태에 익숙해져 있다면 살아가면서 관계 맺기는 언제나 힘든 일이 됩니다. 내가 나를 보호하거나 지키지 못하니 과한 침범을 수시로 받고 공적 영역과 사적 영역이 구분이 안 되는 상태여서 혼란스럽고 에너지 소모가 많지요. 꿈이 주는 힌트에 따르면 회사가 내 집 안으로 깊숙이 밀고 들어와 있어요. 무언가 조사를 다 끝내지 못해서 우리 집에 주차를 했다는데, 일터와 집이 이렇게 뒤섞여 있으면 출퇴근의 의미가 없죠. 일을 하는 건지, 쉬는 건지 알 수 없습니다.

스트레스의 주범이자 건강을 해치는 주원인은 바운더리 침범에서 비롯된 것 같습니다. 그런데 버스가 바짝 주차하면서 남자 화장실 문을 열지 못할까 걱정을 합니다. 화장실은 가장 사적이고 은밀하고 불편한 것을 배설하는 장소예요. 버스 주차로 바운더리를 침범당하면서 불편한 감정이나 생각을 표현하기가 힘들어진 것과 관계가 있을 듯해요. 꿈이 과도하게 스트레스를 주는 원인에 대한 힌트를 주었습니다. 경계가 왜 필요한가? 나 스스로 통제의 힘을 갖고 있는가? 이에 대해 성찰해보세요. 우리가 꿈을 기억하는 것은 해결할 능력이 있기 때문이에요.

버스를 타기 위한 우여곡절

스물일곱 살 공무원 시험 준비생(이하 공시생)입니다. 오랜만에 정말 생생한 꿈을 꿨는데, 꿈에서 깼을 때 기분이 정말 안 좋았어요.

꿈속에서 정장을 입고 버스를 타야 하는데 계속 버스가 잡히지 않는 거예요. 버스를 막 쫓아다니다가 갑자기 저 버스를 앞지르면 탈 수 있겠다는 생각이 들었습니다. 그래서 산길을 막 오르다가 사다리를 타고 터널 윗부분을 넘어갔어요.

우여곡절 끝에 표지판 하나가 보이고 두 갈래 길이 나왔어요. 한쪽은 가리봉동, 한쪽은 광진구라고 적혀 있었어요(전 서울에 살지도 않고 전혀 연관 없는 동네가 나와 생생히 기억합니다). 그렇게 터널 윗부분을 넘어가려는데 갑자기 제 또래로 보이는 남자 세 명이 다가오더니 손전등을 비추며 여기 오면 안 된다는 걸 모르냐며 화를 내더라고요. 근데 신기한 건 그 세 명을 예전 꿈에서도 봤다는 거예요.

저보고 왜 여기에 있냐고 화를 내기에 다시 사다리를 타고 내려갔습니다. 내려가서 터널 위를 바라보니 그 세 명이 계속 쳐다보며 어서 빨리 사라지라고 하더군요.

그러고 꿈에서 깼는데 예전에 꿨던 꿈과 너무 똑같아서 놀랐습니다. 터널 윗부분 같은 시멘트로 된 언덕에 간신히 올랐더니 똑같은 세 명이 같은 말을 했어요. 어서 내려가라고, 오면 안 된다고 말이죠. 도대체 무슨 꿈일까요?

절박한 심정이 느껴지는 꿈입니다. 놓친 버스를 잡으려고 뛰다가 잘 안 되니까 질러가서 따라잡으려 안간힘을 씁니다. 산길을 오르고, 사다리를 오르고, 터널 위를 올라요. 연이어 '오르고' 있어요. 올라가는 끝에는 뭐가 있을까요? 현재 꿈꾼 이가 공시생이라는 사실과 연관 지어 생각해볼 수 있어요. 힘들게 올라간 끝에는 공무원 시험 합격이 있을까요? 그럴지도 모르지만 꿈은 언제나 하나를 의미하지는 않습니다. 여러 층위의 수많은 의미가 내포되어 있는 것이 꿈 말의 특징입니다.

갈래 길에서 표지판이 나옵니다. 뜬금없는 지명이 나오는 이 표지판은 이정표를 나타냅니다. 이정표를 무시하고 터널 위로 향하려는데 또래 남자 셋이 등장해요. 이들은 아주 화가 많이 나 있어요. 올라오면 안 된다고 소리까지 칩니다. 이들의 등장은 내가 이정표를 무시한 것과 관련이 있을까요? 결국 이들로 인해 내려갑니다.

이 셋은 누구인지 모호합니다. 전에도 꿈에 나온 적이 있다고 했습니다. 대부분 꿈에 여자 셋이 등장할 때가 흔하거든요. 남자 셋은 흔한 그림이 아니에요. 아마도 메시지를 선명하게 드러내기 위해 세 명이 등장한 게 아닐까요? 고집스럽게 나의 방향을 돌리게 만듭니다. 이들은 내 안에 있는 나를 지키는 힘들이 의인화된 모습이라 여겨집니다. 같은 꿈을 반복해서 꾸는데 아마도 다음에는 훨씬 무섭거나 강한 톤으로 경고할 것 같아요.

여기서 의미 없어 보이는 이정표로 돌아가 보면, 꿈에서 본 글씨를 이렇게 선명하게 기억하는 경우는 흔하지 않아요. 과거, 광진구는 나루였습니다. 한강 하구의 포구였고 수심이 깊었습니다. 가리봉은 갈라진 골짜기라고도 하고요. 둘 다 깊이와 관련된 자리라는 공통점이 있습니다. 내가 가고자 애쓰는 방향과 반대에 있어요.

위와 아래는 기본적으로 영과 영혼이 움직이는 방향입니다. 꿈에서 산, 사다리, 동굴, 경사가 급한 계단, 헬리콥터, 엘리베이터 등 위아래 방향으로 움직이는 것들이 나오면 영성적인 이야기를 하려나 보다 생각해도 무방해요. 나는 위로 가려는데 꿈은 아래로 향하는 이정표를 배치해두었어요. 꿈꾼 이는 '공무원 시험에 붙을 거야' 같은 말을 듣고 싶어 하지만 꿈은 내 자아 혹은 아상我相을 기쁘게 하려고 꾸는 게 아니에요. 꿈은 내 영혼에 관심이 있습니다. 제가 이런 꿈을 꾸었다면 직업과 소명의 차이에 대해 찬찬히 생각해보겠어요. 내가 정말 공무원이 되기를 원하는지, 나의 소명인지 나를 진지하게 들여다보세요. 내 안의 목소리에 귀 기울여 내가 바라는 일을 탐색해보세요. 내 창조적 힘을 꽃피울 수 있는 일이 무엇인지 찾아보세요. 막막하게 들릴지도 모르겠지만 아는 선생님이 말씀하시기로, 직업은 찾는 것이지만 소명은 나에게 다가온다고 했어요. 무슨 말인지 궁금해서 오래 가슴에 품고 있던 말인데 예순 살 가까이 되어가니 이제는 어렴풋이 알 것 같아요. 모호하지만 '나의 소명이 뭘까'를 가슴에 품고 살아야 다가올 때 알아차릴 수 있어요. 내 안으로 눈을 돌려 가슴 깊은 곳에서 들려오는 마음의 소리를 경청해보세요.

그만둔 직장에서 억울함을 겪다

제가 그만둔 직장에서 일하는 모습이 보이고 사장이나 다른 사람들도 일하고 있습니다. 하지만 무슨 영문인지 저를 몰아세워 저는 억울해합니다. 그러다가 요즘엔 연락하지 않고 지내지만, 친하게 지내던 여자 후배와 어떤 일을 같이 해결하려고 하다가 꿈에서 깼습니다.

그리고 한 가지 더, 어머니가 꾼 꿈인데 제가 검은 옷을 입고 나타났다고 합니다. 굉장히 불길한 느낌의 꿈을 연달아 같은 날에 꾸는 바람에 몹시 불안합니다.

모자지간의 다른 두 사람이 같은 날 다른 장소에서 꾼 두 가지 꿈입니다. 어머니와 자식, 친근한 사람들, 한 번도 본 적 없는 지구촌 사람들, 뭇 생명을 이렇게 확장해갈 때 이들이 이어져 있을까요? 자아의 차원에서는 명백히 너와 나는 떨어져 있습니다. 그런데 표층 말고 깊이 들어갈수록 연결망은 확대되고 견고해집니다. 그래서 저는 현대인의 대표 증상인 소외감과 외로움을 극복하려면, 더 많은 사람을 만나거나 내 안으로 더 깊이 들어가는 게 훨씬 효과적이라고 생각합니다. 어머니와 아들은 떼려야 뗄 수 없는 관계지만, 그럼에도 내 꿈은 나를 위한 것이라는 기본 원칙에 예외는 없습니다.

사무실에서 일어난 꿈을 들여다보면 사장과 동료가 꿈꾼 이를 몰아세워서 몹시 억울해하고 있습니다. 집단적으로 한 사람을 몰아세우다니, 무척 삭막한 풍경입니다. 이 친절하지 않은 환경이 바로 나의 내면 풍경입니다. 여기서 생겨난 답답함과 억울함은 어떻게 풀어야 할까요?

억울함은 부당함에서 비롯됩니다. 영문도 모르니 더욱 가혹합니다. 억울함이라는 단어는 '억' 소리 나는 기막힘에서 나왔을까요? 억장이 무너지는 느낌과 닮아서 같은 어원일까요? 이 복잡다단하게 밀착된 감정 덩어리를 외국어로 옮길 수나 있을까요? 화, 좌절, 실망, 아픔, 소외감, 고립감, 버려짐 등 '억' 하는 숨 막힘과 심장이 굳는 느낌, 설명할 언어는 덜 발달했지만 몸이 더 잘 아는 말입니다.

저도 억울함을 꽤 잘 아는 사람입니다. 스스로 어떨 때 억울한지, 왜 이렇게 그 감정이 오래 가는지, 자신에게 많이 질문해

봤어요. 먼저 억울함은 모멸감을 느꼈거나 인간적인 대접을 받지 못한 데서 시작합니다. 비합리적이고 이해되지 않으니 부당하게 느껴집니다. 그런데 고민을 많이 하다 보니 억울함이라는 무거운 덩어리가 응결되는 데는 나도 한몫 거들고 있다는 것을 알 수 있습니다. 처음에는 일방적으로 당했다고 느끼겠지만, 꼭 그렇지만은 않습니다. 부당하고 비합리적인 상황에 제대로 항의하지 않은 나의 몫도 있습니다. 내 안에 씹어 삼킨 말과 흘러나오지 못하게 틀어막은 감정과 생각이 고스란히 남아 있습니다. 몸이 감정 찌꺼기를 버리는 쓰레기장도 아닌데, 나는 왜 나를 이렇게 취급할까요? 이는 미완의 드라마입니다. 드라마를 완결하고 억울한 감정을 풀어내라고 꿈이 그때의 상황으로 나를 데려갑니다.

꿈 마지막 부분에 여자 후배와 어떤 일을 같이 하려고 한다고 했습니다. 여기서 '같이'라는 말은 짠한 감동을 전해줍니다. 친하게 지낸 후배면 일차적으로 내 편이거나 내 마음을 잘 알아줄 것입니다. 더는 혼자가 아닙니다. 만일 이 후배가 같은 회사 동료라면, 어쩌면 모두가 나를 몰아세웠다고 생각했지만, 이 여자 후배는 그들 편이 아니었을 것 같아요. 세상에 단 한 사람, 내 억울한 심정을 알아준다면, 이게 다시 삶의 원동력이 됩니다. 비밀 주문과 같습니다. 같이 해결하려는 게 뭘까요? 아마 억울한 심정이겠죠. 이런 친절과 염려와 조력이 비인간적인 환경을 바꾸는 비결이리라 믿습니다. 꿈에 등장한 친한 여자 후배, 그리고 어머니, 내 주위에 나를 염려하는 여자분이 많네요.

검은 옷을 입은 아들이 나타난 꿈은 어머니가 꾸었기에 당연히 어머니의 꿈입니다. 어머니는 자신의 염려와 불안을 아들에게 투사합니다. 꿈에 등장한 아들을 어머니 자신으로 볼 수 있도록 도와주세요. 그리고 검은색은 불길한 색이 아닙니다. 검은 머리카락을 칠흑 같다고 칭송하고 세상에서 가장 비옥한 땅도 흑토입니다. 선사시대 유적을 보면 풍요의 색이 검정이었습니다.

후배 동료의 손가락 절단 사고

간만에 잠들자마자 꿈을 꾸었습니다. 꿈이 생생하던 차에 꿈에서조차 이 내용을 꿈 일기에 남겨야겠다고 생각했습니다.

오후 업무시간에 우리 팀은 사다리 게임을 했습니다. 게임에 돈도 걸어 회식을 하려고 한 것 같습니다. 처음엔 우리 부서 팀원끼리만 하다가 옆 부서인 해외 영업팀의 이사님께서도 두 번째 판부터 사다리 게임에 끼었습니다. 그 후 우리는 회식에 해외 영업팀원들을 데려가려고 그들이 있는 곳으로 출발하였습니다. 동료들이 있는 장소에 도착 후 그곳에서 사고 소식을 접합니다.

후배 팀원이 손가락이 잘리는 사고를 당했다는 소식을 듣자마자 저는 그들에게 달려갔습니다. 후배 남자직원 둘 중 한 명이 다친 후배를 챙겼습니다. 다친 후배는 진통제를 맞았는지 눈을 감고 있었습니다. 수습하는 직원도 다쳤는지 힘들어하고 있었습니다. 잘린 손가락을 잘 봉합해야 그 친구가 다시 정상적인 삶을 살 수 있겠다는 생각에 절단된 손가락을 수습하려고 손가락을 챙겼습니다. 그때 수습하던 후배가 손가락 한 개를 사고 현장 베란다 난간에서 떨어트려 수습하지 못했다고 했습니다. 아마도 세 개가 잘렸는데 그중 한 개를 잃어버린 것 같습니다.

장면이 바뀌어 병원 응급실 같은 장소였고 직원들에게 사고 지점을 알아내어 손가락을 찾으러 출발하려는 순간이었습니다. 간호사들이 무척이나 지친 듯 환자에게 아무런 조치를 취하지도 않고 다른 직원이 혼자 수습하는 모습을 보고 화가 폭발했습니다. 얼른 후배를 도와주라고 그들을 질타했습니다. 그런 후 드디어 손가락을 찾으러 떠났고 너무 걱정이 되면서도 한편으로 이게 꿈이라는 점을 인지해 참 다행스러워한 후 꿈 일기를 적어 물어봐야겠다고 생각하며 꿈에서 깼습니다.

제가 평소 좋아하던 후배여서 무슨 일이 생기는 건지 걱정이 됩니다.

사고는 신탄진휴게소 내에 있는 신탄진소방서에서 났다고 합니다. 근데 해외 영업팀원들이 왜 소방서에 갔으며, 그곳에서 대체 무엇을 하느라 고층 베란다에서 손가락이 잘리는 사고가 벌어졌을까요? 꿈이라 좀 어수선합니다.

꿈을 꾸는 동안에 '꿈이어서 다행이다'라는 생각을 했습니다. 이런 꿈을 명석몽 또는 자각몽이라고 부릅니다. 꿈에서 '이건 꿈이야'라는 의식이 일부 있습니다. 꾸준히 꿈과 친해지다 보면 명석몽을 자주 꿉니다. 저는 이 현상에 관해 재미있는 생각을 합니다. 자는 동안 꿈이구나 알아차리는 현상과 낮 동안에 '일상이 꿈이구나'를 알아차리는 것은 비슷한 느낌이 아닐까요? 자는 동안의 알아차림과 일어나 활동하는 동안의 알아차림이 같은 메커니즘은 아닐까요? 단언할 수는 없지만, 분명한 점은 '알아차림'은 점차 꿈이 현실이고 현실이 꿈이라는 사실을 아는 방향으로 나아가게 한다는 것입니다.

꿈이 특별하게 시작해서 이런 사고의 팽창을 일으키나 봅니다. 사다리타기 게임은 흔히 하는 놀이입니다. 그 뿌리는 심오한데요. 예전에 신점이나 타로를 보거나 주역의 괘를 읽는 것이 모두 신의 의지를 파악하려는 인간의 노력이었습니다. 이런 종교의례가 신성함이란 옷이 벗겨지면서 아이들 놀이로 변합니다. 무의식이나 우주가 결정을 내리게 하고 우리가 그 결정을 따르는데, 이 인류의 오랜 전통은 믿음이라는 이름으로 부르든 그렇지 않든 결코 소멸되지 않는 원형적 드라마입니다.

그렇다면 이 꿈의 사다리타기는 신탁과 연관이 있을까요? 흥미롭게도 꿈을 꾸는 동안에 이 내용을 물어봐야겠다고 생각합니다. 신탁은 그 방법이 어떤 형식이든 신에게 '물어보는 것'

입니다. 이때 신탁은 듣는 귀가 필연적입니다. 오랜 신탁의 전통이 무의식에 여전히 살아 있다는 걸 확인시켜주는 것 같습니다. 이 꿈에서 가장 묻고 싶은 질문은 제일 심오한 질문, 궁극의 질문과 연관이 있습니다. 꿈은 언제나 한 가지 면만 말하지 않습니다.

'사다리타기'라는 이미지는 삶의 방식과 연관이 있습니다. 어떤 TV 드라마에서 집 안에 피라미드를 상징적 아이콘으로 들여놓고 경쟁에서 이겨 꼭대기로 올라가야 하는 삶을 강조하는 장면이 나옵니다. 경쟁에 치여 사는 사람이 많습니다. 또 이렇게 살아야 한다는 메시지도 범람합니다. 사다리나 피라미드나 유사한 면이 있습니다. 경쟁이 치열한 학교나 회사 조직의 기본 모델입니다.

이 꿈에는 트릭이 많습니다. 회식비를 누가 내느냐를 결정하는 가벼운 놀이로 시작해서 거칠게 드라마가 전개됩니다. 소방서로 응급실로 손가락이 잘린 엄청난 부상으로 이어집니다. 고속도로 휴게실에 있는 소방서인데 응급실이기도 해요. 이 삼종 세트, 숨이 가빠옵니다. 효율이 중시되는 인생 길목에서 긴급구조나 응급치료가 꼭 필요한가 봅니다.

사다리타기가 회식으로 끝나지 않는데, 해외 영업팀 이사의 등장이 열쇠가 될 것 같습니다. 첫 번째 사다리타기는 회식

드라마, 두 번째 사다리타기는 수습 드라마가 예고되는 듯합니다. 해외 영업팀 이사가 참여해 일이 커지고 예상치 못한 방향으로 흘러갑니다. 결국 해외 영업팀 전체를 데려가는데 거기서 사고 소식을 접합니다. 분명 회사 부서 간의 문화 차이, 부서 발령의 이슈, 꿈에 등장하는 회사원 개개인의 특성이 다 주요한 정보일 텐데 이 정보에 접근하지 못하는 입장이어서 아쉽습니다. 어쨌든 제가 꾼 꿈이라 간주하고 투사한다는 점을 다시 한번 밝힙니다.

제가 상상하는 해외 영업팀이란 도전과 관계됩니다. 미지의 땅에서 낯선 사람들에게 내 물건을 팔아야 하잖아요. 외국어 능력이나 문화 감수성은 물론 소통능력도 탁월해야 합니다. 다른 문화에 대한 유연성과 수용성 그리고 적응력과 순발력을 요하고 강한 개척 정신은 기본입니다.

일전에 기업 강의를 준비하면서 현대 사회에서 고대 전사들warrior의 정신을 계승한 사람들은 군인이 아니라 해외 영업을 하는 회사원이란 사실을 알게 되었습니다. 고대의 전사 하면 흔히 살육이 난무하는 싸움을 떠올리는데 그것은 오해입니다. 전사는 삶과 죽음이 가장 첨예한 자리에서 가장 치열하게 새로운 미래를 여는 사람들입니다. 따라서 저는 이 꿈이 미지의 세계에서 새로운 모험과 개척을 하는, 생사의 갈림길이라고 할 만한 치열한 삶과 관련이 있을 듯해요.

다친 후배는 누굴까요? 애정이 많이 가는 후배라 했습니다. 사고 현장을 보면 세 사람의 동료가 있습니다. 다친 후배는 진통제를 맞고 눈을 감고 있고 수습하는 후배는 수습하다 다친 듯하고 다른 한 명에 대해서는 정보가 별로 없습니다. 꿈에서 이런 셋의 조합은 중요합니다. 기본적으로 과거, 현재, 미래라는 시간의 세 가지 모습과 같다고 할까요? 세 길이 만나는 지점이든 셋의 조합이든 특히 눈여겨볼 대목입니다. 이 셋을 과거, 현재, 미래의 패턴으로 한번 생각해보세요. 왜냐하면 과거와 현재는 이미 아는 것이고, 미래는 아직 형상화하기를 기다리는 부분입니다. 손가락도 세 개가 잘렸네요. 두 개는 후배가 수습했고, 다른 하나는 실종 상태입니다. 이 지점에서 신체 부위 중 손은 어떤 의미가 있는지 생각해보세요.

저는 손 하면 창조나 창작이 떠오릅니다. 나와 내가 있는 곳을 좀 더 나은 곳으로 만들기 위해 세상을 빚어낼 수 있는 힘이 집약된 곳입니다. 손가락이 잘린 상처는 창조적인 힘의 상처라 여겨집니다. 큰 도전이 들어오는 순간, 즉 손의 사용이 가장 필요한 순간, 잘린 상처가 신음 소리를 내는 것은 아닐까요?

사다리 올라타기와 피라미드 모델은 필연적으로 이런 치명적 상처를 양산합니다. 서로 간의 경쟁이 치열한 그룹과 위계적 모델은 생각만큼 생산적이지도 창의적이지도 않다는 연구 결과가 속속 나오고 있습니다. 이미 제 기능을 하지 못했다고 판명되었는데 관성 때문인지 현실에서는 달라지지 않은 채 여전히 경쟁 체제가 지배합니다. 꿈은 이런 체제에서 발생한 치명적인 상처를 다루고 있어 꿈꾼 이만이 아니라, 모두의 꿈이기도 합니다. 그래서 누구나 나의 꿈으로 해석 작업을 할 수 있습니다.

이런 자리에서 상처를 무시하고 오랫동안 인내하며 버티면 어떻게 될까요? 꿈에서 스치는 배경으로 보여주네요. 응급실 장면입니다. 나태하고 지쳐서 손 놓은 간호사들이 있습니다. 이거야말로 진짜 응급상황이죠. 열정도 자부심도 노동의 기쁨도 언제 퇴색되었는지 모른 채 나는 고단할 뿐입니다. 이미 오래전에 손가락이 잘린 사람들입니다. 이들은 응급상황에도 무감각합니다. 이 자리에서 그들에게 화를 내는 것을 보니 반갑습니다. 꿈꾼 이는 아직 살아 있어요. 이 상황이 잘못된 것도 알고, 적극적으로 후배의 손을 위해 손가락을 찾아 떠납니다.

잃어버린 손가락이 고층 베란다에서 떨어졌습니다. 고층과 피라미드와 사다리가 유사한 특성이 있습니다. 상처 난 자리로 가서 치유의 길을 찾도록 하는 게 이 꿈의 목표가 아닐까 합니다. 손가락이 나를 땅으로 인도하네요. 끝까지 찾으러 가다가 꿈이 끝납니다. 꿈이라 다행이라고 하셨는데, 꿈이 현실을 더 정확하고 정직하게 꿰뚫는다는 걸, 저는 잘 알기에 두렵네요. 이 꿈은 계속될 겁니다.

서양에서 자주 회자되는 민담이 있는데 '손 없는 처녀' 이야기입니다. 이는 IMF 같은 경제위기를 맞아 방앗간 문을 닫아야 하는 우울하고 무력한 가장의 이야기입니다. 그 순간 가장의 선택은 악마와의 거래입니다. 부를 받고 대신 딸의 손을 악마한테 잘라줍니다. 가부장적 가치, 효율, 잉여, 생산을 위해 감성, 행복, 삶의 가치나 의미를 포기하는 현대인의 자화상을 반추해볼 수 있는 이야기입니다. 이 꿈은 '손 없는 처녀'의 아류입니다. '손가락 잘린 젊은이'라고 해야 할까요?

꿈을 기억할 수 있는 사람이 이 숙제를 풀어야 합니다. 나뿐만 아니라 이 시대 모두를 위한 신탁 같습니다. 손가락을 끝까지 찾아내고 다친 손을 회복하도록 응원을 보냅니다. 이 과제를 해내는 사람은 많은 사람의 모델이 될 거예요. 꿈을 기억한다는 건 내 안에 해결할 힘이 있다는 의미라고 했습니다. '손 없는 처녀' 이야기를 찾아서 읽어보면 내 영웅적 과업을 완수할 때 많은 영감을 받을 겁니다. 꿈이 길라잡이라는 점도 기억하세요.

우수수 빠진 이

평범한 직장인입니다. 잠을 자는데 윗니가 아프더니 이가 빠
질 것처럼 불안하여 꿈속에서도 전전긍긍 앓았어요. 그러다가
윗니가 튀어 나오듯 마구 뽑히며 입속 한가득 빠진 치아를 물
고 무서워 울고 있었어요. 치아가 빠지는 느낌이 너무도 생생
하게 느껴져 정말인 줄 알고 잠에서 깨어났어요. 꿈꾸면서 계
속 힘들어했어요. 도대체 무슨 꿈일까요?

'불안 전전긍긍 두근두근'이 실제 자신이 처한 상황을 묘사
한 것일까요? 스트레스가 어느 정도일지 가늠이 됩니다. 일상
에서나 꿈에서나 이가 빠지는 건 엄청나게 당혹스러운 일입니
다. 치통의 괴로움은 겪어본 사람은 잘 압니다. 꿈에서 이가 빠
질 것 같은 불안이 엄습해오다 결국은 우수수 빠져버리는 게 불
안의 도미노 현상 같아요. 이미 내가 감당할 선을 넘은 불가항

력의 느낌입니다. 당연히 무섭습니다. 자신이 제어할 수 있는 상황이 아닙니다.

꿈이 무엇을 말하려고 할까요? 이 빠지는 꿈은 지금 나에게 주어진 일을 감당해낼 수 있을까 없을까 하는 의심, 즉 '할 수 있다'는 자신감이 바닥으로 떨어졌을 때 나타납니다. 뭔가 새로운 일에 도전할 때 우리는 종종 '이를 악물고 해봐!'라고 합니다. 치아는 음식물을 씹고 끊고 부수고 가는 기능을 하지만, 힘든 상황에서 '악물고 버티는' 기능으로도 사용됩니다. 너무 애를 썼을까요? 이가 빠져버리면 이제 뭐로 버티죠? 이 상황은 자신감이라는 마음의 문제이지 능력의 문제가 아닙니다. 다시 말해 '할 수 없다'가 아니라 '할 수 있을까'를 다루는 문제입니다.

제가 들은, 이가 빠지는 꿈 중에 가장 무서운 내용을 하나 소개할게요. 전체 이가 크리스털 유리컵이 깨지듯 바스러져 입 밖으로 우르르 쏟아져 나왔다고 합니다. 지인이 꾼 꿈인데, 미국에서 박사 논문을 쓸 때 꾸었다고 합니다. 외국어로 학위 논문을 쓴다는 것은 이 정도의 불안과 스트레스와 싸워야 하는 일입니다. 저에게도 익숙한 꿈입니다. 나중에 지인은 학위를 받았고 귀국해서 자기 역할을 잘하며 잘살고 있습니다.

우수수 빠진 이를 물고 무서워서 울었다는 대목이 나오는데요. 이를 물고 있지 않고 뱉어버리면 어떨까요? 그래야 실컷 울

수도 있을 테고 소리도 터져 나올 테지요. 이럴 땐 한바탕 시원하게 우는 것이 최선의 방법인 듯합니다. 그래야 꽉 막힌 기氣를 뚫을 수 있을 것 같습니다.

이 꿈을 통해 '지금 내가 처한 상황이 이렇구나' 하는 것을 정확히 알 수 있습니다. 꿈에서 울음은 에너지를 해소하는 방식이고, 나를 돕는 행위가 작동하고 있다는 것을 악몽의 형태로 보여줍니다. 꿈이 하는 말을 경청해보세요. 해결의 실마리가 없어 보이는 상황에서 꿈은 나를 이끌어주기 위해 도와줍니다.

내려앉은 천장

요즘 매일같이 꿈을 꾸는데, 오늘 꾼 꿈입니다.

친구 A, B 그리고 남편과 맛집에 갔어요. 다양한 메뉴 중에서 저는 치킨이 들어간 음식을 주문했습니다. 맛있는 음식을 먹는다는 생각에 기대가 부풀어 있었어요. 그런데 친구 A가 여기 맛없는 곳이라며 초를 칩니다. 음식을 먹지 않은 채 장면이 바뀌었습니다.

음식점 위가 남편과 제가 사는 집이고, 집주인은 음식점 주인입니다. 침실 위쪽 천장이 점점 내려앉고 있습니다. 남편한테 다급하게 주인에게 전화해서 당장 수리해달라고 말하라는데 남편이 미적거립니다. 서랍처럼 천장을 열었더니 천장 안에 다락방이 있었습니다. 다락에는 집주인의 오래된 책들과 가구로 꽉 차 있었습니다. 제가 "저렇게 꽉 차 있으니까 천장이 내려앉잖아! 빨리 주인한테 전화해서 당장 수리해달라고 해."라고 남편에게 한 번 더 소리 질렀습니다. 그러나 남편은 여전히 내일 하겠다며 미적거립니다. 저는 화가 나서 마구 소리 지르고 생떼 부리면서 빨리 주인한테 전화하라고 계속 소리를 질렀어요. 어린아이가 고집을 부리듯 말이에요. 꿈에서 그렇게 소리를 내질러본 적도 처음 있는 일이었어요.

요즘 제가 게을러져서 스스로를 다그치는 꿈일까요? 아침에 요가 가는 것도 계속 미루고, 뭔가 매일 놓치는 것이 있다는 느낌이 드는 요즘입니다.

맛집에 가서 음식 주문까지 해놓고 잔뜩 기대했는데 결과적으로 맛난 음식을 먹지 못했다니 안타깝네요. 내 자양분이 되어 나를 풍요롭게 만드는 일이 멈추어 이루어지지 않는 이야기를 꿈이 하려나 봅니다. 이 집도 다락방도 전부 음식점 주인이 소유한 영역이라 이 꿈은 전반적으로 영적 자양분에 관한 것으로 짐작해봅니다.

'주는 떡도 못 받아먹는다'는 속담이 있습니다. 받을 수 있는 복도 멍청하게 놓친다는 뜻인데 지금 상황이 그렇습니다. 음식이 나오기 전에 친구 A가 '여기 음식 형편없어'라고 말합니다. 그럼에도 주문까지 했으면 먹어보기라도 해야 할 텐데, 내 판단이 아니라 A의 말에 따라 상황이 바뀝니다. 〈인사이드 아웃〉이라는 애니메이션이 있습니다. 모든 사람의 머릿속에 있는 기쁨,

슬픔, 버럭, 까칠, 소심 다섯 감정 캐릭터들이 나오는데, 이 영화의 한 장면 같은 느낌이 들어요. 이들 셋을 영화 속 캐릭터라고 상상하면 각각 냉소, 의심, 권태라고 이름을 붙이고 싶네요. 이세 가지가 활성화되면 세상 귀한 산해진미가 눈앞에 있어도 못 먹습니다.

2층에서 드라마가 계속됩니다. 여기는 나의 집입니다. 내 집은 침대 천장이 말썽입니다. 편하게 잠자고 쉴 수 있는 여건이 아닙니다. 머리 위로 위협이 드리워져 있습니다. 점점 더 가까이 다가와 더 위협적입니다. 이때 나는 남편을 다그칩니다. 주인한테 전화를 걸라고 소리를 지릅니다. 반응이 없자 서랍처럼 된 천장을 열어봅니다. 거기에서 다락방을 찾아냅니다. 저는 이 장면이 제일 흥미롭고 반가운데요. 꿈꾼 이가 말만 하는 데서 그치지 않고 행동을 한 유일한 순간이기 때문입니다. 스스로 움직이니까 위험의 원인을 알게 됐습니다. 이제 더는 막연한 불안이 아닙니다. 제대로 아는 것, 실체를 보는 것은 언제나 중요합니다.

다락방에 주인의 오래된 책과 가구가 잔뜩 쌓여 있습니다. 오래 방치한 것들이고 정리가 전혀 안 된 상태입니다. 한마디로 잡동사니를 머리 위에 이고 살았네요. 가구가 뭐고 책이 뭘까요? 내 책이 아니고 내 가구가 아니라고 하니 사람들의 사고, 사람들이 믿는 인습 같은 것은 아닐까요? 머릿속에 거의 반영구적 가구처럼 자리 잡고 있는 것들입니다.

만일 1, 2층 다락의 모습을 내 신체를 나타내는 그림으로 보면 어떨까요? 1층이 배, 2층이 나의 가슴, 다락이 내 머리라면요. 내 자양분이 채워지지 않아 허기지는 이유가 잔뜩 정리 안 된 머리 때문은 아닐까요? 식당에서 내가 주문한 음식을 못 먹는 이유가 A의 말 때문이었습니다. 내 생각과 내 판단이 아닙니다.

2층 풍경은 오랜 기간 만들어진 나의 태도를 적나라하게 보여줍니다. 조급하고 불안해서 빨리빨리 해결하라고 소리치는 모습과, '내일, 다음에, 나중에'라며 굼벵이처럼 전화 한 통화도 걸지 못하는 모습입니다. 이 정도면 삶에 대한 태업에 가까운 모습입니다. 불안과 태업이 함께 돌아가면 살아가기가 힘듭니다. 남편한테만 타박하고 정작 나는 왜 전화를 안 할까요? 사실 굉장히 의존적입니다. 우울과 무기력이 2층 사람들을 지배하는데요. 적절한 자양분 공급이 안 되니 이 모습은 예상 가능한 풍경입니다. 이런 다락은 한꺼번에 끌어내고 단숨에 해결하려 들면 다시 원위치로 돌아가기 쉽습니다. '천천히 하나씩 내 손으로 직접' 해결해가는 것이 가장 필요합니다.

혹시 이 식당 주인이 나는 아닐까요? 다른 사람의 생각으로 가득 채우고 직접 스스로 살아가지 않으며 자양분이 공급되지 않으니 마치 남의 집에 사는 것처럼 느껴지는 것인지도 모릅니다. 꿈속에서 끝까지 주인이 등장하지 않습니다. 내 집에 주인이 없으니 내 삶의 주인공으로 살아가지 못합니다. 이제 무엇을 해야 할지 보일 겁니다. 타인의 말이나 생각에 의해서가 아닌 내가 직접 먹어보고 만져보고 느끼며 살아가는 것만이 내 것입니다.

바다가 갈라지면서 길이 열리다

얼마 전에 꾼 꿈이에요. 제가 바다에 서 있는데 갑자기 바다가 갈라지면서 길이 나타났습니다. 그 길을 걸어가는데 양옆에서 너무나도 맑디맑은 바닷물이 파도치듯 몰려왔어요. 뒤로 물러나려는 순간 바닷물이 저를 덮쳤습니다. 하지만 옷이 젖지도 않고 그대로였어요. 무서운 마음도 컸는데 맑은 그 바닷물이 너무 예뻐서 계속 그곳에 서 있었어요.

좋은 꿈일까요? 아니면 건강에 문제라도 생기는 걸까요?

모세의 기적 이야기는 잊을 수가 없습니다. 홍해가 갈라지면서 사람들이 건너가죠. 상상조차 어려운 불가능이 가능해지는 순간입니다. 이를 신비라고 합니다. 그런데 홍해만 갈라지는 게 아니라 진도 앞바다도 해마다 갈라집니다. 그때는 바닷길 축제도 열립니다. 사람들은 자연현상인 줄 알면서도 여전히 기적이라고 말하며 이 드문 장관을 보러 갑니다.

진도 바닷길에는 뽕할머니 전설이 얽혀 있습니다. 전국 방방곡곡 특별하다는 곳에는 이야기로 그 영예를 부여하나 봅니다. 상상의 산물이지만, 우리 선조는 이런 방식으로 세상을 이해했습니다. 이야기를 통해 자연은 생명을 얻습니다. 곳곳에서 회자되며 오래도록 이어집니다.

진도 바다 뽕할머니 전설을 보면, 할머니가 뭍의 가족을 만나고 싶어 간절히 염원하자 용왕님이 바다에 무지개 길을 내어줍니다. 지성이면 감천이죠. 할머니는 가족을 만나고 그리움은 해소됩니다.

제가 이 꿈을 꾸었으면 저의 간절함과 기도가 '불가능을 가능'하게 하는 신비로운 결실로 이어졌다고 해석하겠습니다. 뽕할머니 전설처럼 간절함이 동인이었을 법해요. 그리움이 사람을 향한 것이든 신을 향한 것이든요. 이런 자리에 길이 열립니다. 길을 따라 걷자 양쪽으로 맑은 물이 밀려듭니다. 꿈에서 물은 언제나 감정 정서의 상태를 나타내는데, 맑고 깨끗합니다. 맑고 예쁜 감정이 밀려들면서 아름다움에 빠져듭니다. '꿈에서 너무 아름다워', '지상에는 없는 장면이야'는 심오한 영성적 체험이 일어났음을 꿈 세계에서 확인시켜주는 겁니다. "아름다움이 세상을 구원한다"라는 도스토옙스키의 말은 진리인 듯합니다. 아름다움만큼 영혼에 짙은 자국을 내는 게 또 있을까요?

그런데 왜 옷이 젖지 않았을까요? 흠뻑 젖었다는 것은 깊이 스몄다는 표현입니다. 그런데 젖지 않았다는 것은 나의 행동과 관련이 있어 보입니다. 이 순간 내가 뒤로 물러나려 했기 때문입니다. 감정의 일렁임, 순수한 맑음에 흠뻑 빠져들기에는 두려움이 앞섭니다. 그런데 꿈은 이 자리에서 물러서지 말라며 바닷물로 덮쳐 그 자리에 머물게 합니다. 떨리는 감동에 나를 온전히 맡기는 것은 엄청난 용기가 필요합니다. 물러서지 말고 정면으로 마주하면 좋겠어요. 아름다움에 그리고 순수한 맑음에 빠져보세요.

미세먼지로 뒤덮인 가게

아침 6시에 가게 문을 열고 꽃단장하고 손님을 맞이할 준비를 합니다. 그러나 날씨가 추워서인지 첫 손님은 오지 않고, 손님을 기다리다가 잠깐 잠들었습니다.

꿈속에서 남편과 제가 조그마한 슈퍼 안 식탁에서 아침 식사를 하고 있었어요. 그런데 누런 미세먼지가 가게 안을 가득 메우는 거예요. 남편과 저는 반찬에 미세먼지가 들어갈까 봐 몸으로 덮으려 애썼지만, 잔잔한 호수 위로 물안개가 밀려오듯이 정말 순식간에 가게 안을 가득 메워서 어떻게 해야 할지. 슈퍼 출입문도 닫아놨는데 어디로 밀려들어 오는지 알 수가 없었습니다. 몸을 피할 곳도 없이 정말 눈으로 가득 밀려오는 먼지가 보이는데 이게 무슨 꿈일까요? 잠에서 깨고 나서도 기분이 썩 좋지 않네요.

들어본 적이 없는 생소한 꿈 내용이네요. 꿈 세계는 미세먼지로 골머리를 앓는 우리의 현실을 그대로 반영하여 상징적으로 미세먼지를 등장시킵니다. 지구촌 전체가 이상기후로 몸살을 앓고 있습니다. 미세먼지와 황사로 맑은 하늘을 보기가 힘든 나날입니다. 숨쉬기조차 안전하지 않은 세상을 제가 어릴 때는 상상도 못 했습니다.

영화든 문학이든 종교든 지구 종말에 대한 이야기가 많습니다. 오랜 옛날부터 종말 신화는 존재해왔습니다. 종말의 방식은 다양합니다. 대홍수나 하늘에서 내려오는 불의 심판, 회오리바람은 고전적입니다. 외계인의 침입이나 최근에 유행하는 좀비, 게다가 AI가 인간을 지배한다는 이야기는 상대적으로 최신 버전입니다. 지구상 불의 고리가 활성화되어 화산과 지진이 발발해서 인류가 공룡처럼 멸종될 것이라는 과학적 버전도 있습니다. 역병이나 바이러스 창궐도 합리적으로 들립니다. 여기에 미세먼지도 추가되나 봅니다.

꿈에 우울한 상황이나 사실이 등장할 때도 긍정적 신호는 있습니다. 꿈이 제기하는 상황을 충분히 인식하고 창조력을 모은다면 말이에요. 아직은 가능성이 있을 때 꿈을 기억한다고 합니다. 이론적으로 더는 뭘 해도 소용이 없는 임계치를 넘어서는 순간이면, 이런 종말 꿈은 꾸지 않을 것이라고 합니다. 저의 꿈 스승은 더는 사람들이 종말 꿈을 꾸지 않는다면, 정말로 무서운 일이라고 자주 말씀하시곤 했습니다.

그렇다면 이 꿈을 기억했으니 미세먼지에 대해 아직은 우리가 뭔가를 해볼 수 있다는 이야기겠습니다.

종말 신화를 이야기할 때, 일반적으로 '이제 끝이다'라거나 '이런 방식으로 끝장나는구나'라는 두려움에 초점을 맞춥니다. 그런데 종말 신화가 끝없이 양산되고 회자되는 주요한 이유에는 '이대로는 말고'라는 뭔가 근본적으로 변화하기를 바라는 염원이 있습니다. 아이러니하지만 종말 신화에는 새 세상에 대한 꿈이 들어 있습니다.

사는 동안 종말 신화를 몇 번이나 접했습니다. '1984, Y2K 버그, 밀레니엄 신화, 각종 사이비 종교의 휴거'까지 다양했습니다. 확신을 갖고 말할 수 있는 점은 우리가 종말을 맞이하기 전까지 종말 신화는 계속된다는 점입니다. 이 신화는 원형적입니다. 어느 시대 어느 곳에나 등장합니다.

저는 이 꿈에 등장한 미세먼지가 흥미롭습니다. 누런 미세먼지가 확산되는 게 맨눈에 보입니다. 미세먼지는 눈에 보이지 않습니다. 문을 닫는다고 피할 수도 없습니다. 연기처럼 침투해서 순식간에 덮어버리는데, 감정으로 치환하면 불안일까요, 두려움일까요? 불안은 막연합니다. 보이지도 잡히지도 않기 때문입니다. 그런데 두려움은 형체가 있어요. 귀신은 두렵지 불안한 것이 아닙니다. 지구온난화는 불안한 것이지 두려운 게 아닙니다. 그런 면에서 두려움은 불안보다 심리적 면에서 한 차원 위입니다. 대상이 있으면 뭔가를 해볼 수 있거든요. 예를 들어 어떤 귀신이 마늘을 싫어한다면 온 집에 마늘을 걸어두면 피할 수 있습니다. 그런데 미세먼지는 보이지도 잡히지도 않아 더 불안합니다. 꿈속 미세먼지를 저라면 두려움으로 보고 싶어요.

가게를 가득 채운 미세먼지는 무엇을 은유하는 걸까요? 저는 먼저 먼지가 반찬을 덮을까 봐 제일 겁내고 몸으로 막으려 하는 지점에서 이 누런 위협은 말 그대로 먹고사는 것에 대한 두려움이 아닐까 합니다. 문이 닫혀 있어서 들어올 수 없는데 가게 안이 자욱해진다면, 이는 두려움을 스스로 만들어내는 것이라고 해석됩니다. 실제 걱정, 두려움, 불안은 미세먼지처럼 엄습해 영혼을 잠식합니다.

'먹고사는 문제'는 영원한 난제입니다. 그런데 생각해볼 지점이 있습니다. 제 주변에 돈이 가장 많은 친구가 늘 먹고사는 걱정을 합니다. 아울러 제 주변에 돈이 정말 없는 가난한 목사 부부가 있는데, 이 친구가 돈에서 가장 자유롭습니다. 먹고사는 두려움이 실제 부의 축적과는 일치하지 않는 것 같습니다.

아울러 꿈에서 음식은 영적 자양분을 뜻합니다. 영적으로 빈곤한 것은 아닌지 자신을 돌아보면 좋겠습니다.

낡은 신발을 버리다

요즘은 신발과 관련한 꿈을 자주 꿉니다. 얼마 전에 10년간 준비한 실기시험을 치렀습니다. 그 시험을 보기 전에 신발을 정리하면서 버릴 신발을 모아놓았습니다.

어느 날 처음 보는 여성이 제 신발을 쇼핑백에 넣어서 버렸다고 하는 꿈을 꿨어요. 그런데 실기시험을 보고 나서는 책장을 정리하는 꿈을 꿨습니다. 책장을 정리하던 중 금붙이로 만든 신라 왕관과 금붙이로 만든 손톱깎이 여러 개, 귀이개 세트를 장식해놓고 실기시험 때 입었던 흰 의사 가운을 입고 빨간 구두를 신고 식권을 받아서 밥 먹을 곳을 찾아 다니는 꿈이었습니다. 흰 옷과 반짝이는 빨간 구두를 신었는데, 걷지 않고 오토바이를 탔기 때문에 더러워지진 않았어요.

신고 다니던 신발을 다른 사람이 버리는 꿈을 꾼 후 모아둔 낡은 신발을 버렸습니다. 이 꿈들은 무엇을 말하는 걸까요?

10년을 준비한 시험을 치렀다니 그간의 노력과 인내에 경의를 표합니다. 10년은 온전한 주기입니다. 제대로 뭘 좀 하자면 10년은 걸린다고 합니다. 사실 한 분야에 매진한 10년 세월이란 참 영예롭습니다. 꿈도 이 사건을 기념하고 축하해주려나 봅니다.

시험 전에는 신발을 정리하고 시험 후에는 책장을 정리하네요. 분명 정리의 시기인가 봅니다. 나는 신발을 모아 정리했을 뿐인데 꿈이 그걸 버려주네요. 꿈도 나도 왜 정리하는 것이 신발일까요? 더워서라고 말하지만, 무의식적으로 내가 이전에 신던 신을 계속 신으면 안 될 것 같기 때문입니다. 10년의 마침표로 신발을 정리하는 듯합니다.

예전에는 신발이 그 사람의 신분을 나타냈습니다. 나막신, 짚신, 비단신처럼요. 이제는 준비생이 신던 신발이 더는 필요가 없어졌습니다. 이는 나의 정체성 변화를 뜻합니다.

시험을 치고 나서는 책장 정리를 합니다. 저도 정리하는 습관이 있습니다. 새 학기가 되거나 새 책을 쓰려면 책상과 책장 정리부터 합니다. 수험서들도 이제 정리하는데, 놀라운 일이 일어나네요. 금으로 된 신라 왕관과 각종 도구를 발견합니다. 누가 이 진귀한 보물을 여기에 갖다 놓았을까요? 저는 지난 10년간 이루어진 일이라고 생각합니다. 꿈에서 금은 절대 함부로 등장하지 않습니다. 나의 10년간 인내, 노력, 희생, 자기와 싸움은 연금술사의 행위와 유사합니다. 책 사이에서 금이 만들어진다는 이미지가 너무 좋습니다. 나는 금속을 끓이고 식히고 한 게 아니라 책들 사이에서 씨름했습니다.

그 순간 의사 가운을 입고 빨간 구두를 신고 있습니다. 의사로서 나의 첫걸음이 얼마나 열정으로 가득한지 보여줍니다. 아름다운 모습입니다. 그러고는 식권을 들고 밥 먹을 곳을 찾으러 갑니다. 영적 자양분을 마음껏 섭취하세요. 저라면 의사가 된다는 것이 전문직 이상의 의미일 것 같아요. 내가 열정을 쏟는 일이 나 자신을 위해서도 충분한 영적 공양이 된다는 걸 꿈이 확인해줍니다. 이럴 때 천직이라고 합니다. 매일의 일을 사랑하고 순간을 성실하게 임함으로써 나의 최선이 공공의 혜택으로 돌아가는 일은 참으로 멋집니다.

◦ 부록

나를 알아가는 방법 ::

그룹 투사 꿈작업

내가 꿈과 인연을 맺게 된 것은 그룹 투사 꿈작업 덕분이다. 신세계를 만난 기분이었다. 나를 아는 데 실질적인 도움이 되는 공부, 거창하게 앎과 삶이 일치하는 공부라고 덧붙이지 않더라도 진짜 내 모습을 발견하는 방법을 찾았구나 싶었다. 그 후로 너무 재미있어서, 더 알고 싶어서 지금껏 나와 사람들의 꿈을 만나고 꿈에 대한 공부를 하며 살고 있다. 그룹 투사 꿈작업이 무엇인지, 어떻게 태동했는지, 어떻게 해볼 수 있는지 자세히 소개하겠다.

여러 명이 함께하는 작업
—

그룹과 투사와 꿈작업이 붙어 있는 표현이라 하나씩 떼어서 각각의 의미를 들여다보자. 먼저 개인이 아닌 그룹으로 모여 함께하는 작업이다.

　이전에 꿈의 대가들은 '꿈은 그룹으로 다룰 수 없다'고 인식했다. 여럿이 함께 꿈을 다루면 가장 의식이 덜 발달한 참여자의 수준으로 그룹 전체가 하향한다는 이유에서였다. 그리고 꿈은 특별한 수련을 받은 전문가만 다룰 수 있다는 인식이 주류였다. 그 와중에 그룹으로 꿈 작업을 시작하게 된 계기가 있었다.

　1960년대 말, 베트남전이 격렬해짐에 따라 이를 반대하는 반전 운동이 미국에서도 활발히 일어났다. 이 와중에 흑인이 죽음을 맞았고 이 사건이 도화선이 되어 인종차별 철폐에 대한 시위나 모임이 전국적으로 확산되었다. 그때 제레미 테일러 박사가 버클리 지역에서 인종차별 철폐를 위한 모임에 가담하였다. 가난한 흑인들이 밀집해 사는 지역이었다. 주민들은 인종에 대한 편견을 극복하고자 참여했던 봉사자들조차 인종차별주의자라며 쫓아냈다. 남은 봉사자들은 아무것도 통하지 않는다는 절망감을 느꼈다. 이때 제레미 테일러 선생님이 꿈작업을 제안했다. 대안이 없어서인지, 어처구니없어 보이는 제안이 받아들여졌다.

　우선 각자 꿈에 등장하는 인종차별 요소에 집중해보았다. 그 과정에서 그들 각자가 얼마나 인종차별적인지를 발견하고는 놀랐다. 오랜 사회·문화·역사적 영향에서 그 누구도 자유로울 수 없었던 것이다. 이 무의식적 요소와 자기기만이 모여서 인종에 대한 편견을 극복해보려는 의식적인 노력을 무산시켰다.

꿈이 드러내는 나는 내가 생각하는 나와 달랐다. 이런 깊은 자기 이해와 자기 수용의 과정은 그룹 참여자들의 내면 성장과 변화로 이어졌고, 그 그룹은 지금도 여전히 건재하다고 한다. 이를 통해 테일러 선생님은 꿈의 잠재적 가치를 알게 되었고, 지금의 그룹 투사 꿈작업으로 탄생했다. 꿈은 그룹으로 다룰 수 있고 그룹작업이 유용하다는 걸 발견한 것이다.

이 작업은 처음부터 공동체에서 시작되었다. 뿌리 깊은 집단의 편견을 극복하기 위해서 탄생했다. '함께'는 참으로 아름다운 표현이다. 이 '함께'는 나의 깊이, 즉 공유하는 인간성을 기반으로 할 때, '진정한 함께'라는 걸 보여준다. 함께하는 각자가 그 안에서 성장하고 변화할 수 있을 때 함께는 지속될 수 있다. 꿈이 각자, 내면의 파편화와 분리를 이어주고 회복시켜주듯이, 개개인의 꿈들이 모일 때 '진정한 함께'가 가능하다는 사실을 보여주었다.

투사는 진화의 열쇠이다

—

투사는 비춰진 이미지를 말한다. 그러니 꿈 자체가 투사이다. 심리학에서 투사는 극복의 대상이다. 그룹 투사 꿈작업은 '깨어남'을 위해 투사를 적극적으로 활용한다. 내가 보는 것은 있는 그대로가 아니다. 의도치 않지만 우리는 언제나 색안경을 쓰고 세상을 본다. 제레미 테일러 박사는 "우리는 거울을 보면서 유리라고 착각한다"고 말했다. 내 눈에 비춰진 모든 것은 거울처럼 결국 나를 비추는 것임을 강조한 말이다.

사람은 고정되지 않고 끊임없이 변한다. 변하는 대상을 찰나적으로 만나는 것이 투사다. 그런데 왜 이런 만남이 필요할까?

투사는 내 앎의 끝에서 선택권 없이 일어난다. 우리는 투사가 되도록 진화되었다. 앞서 꿈이란 잠의 스크린에 등장하는 드라마라고 했다. 이게 다음 앎으로 나아가는 첫 만남이자 징검다리가 될 수 있다. 투사를 적극 활용해서 거울을 좀 더 투명하게 만들고 나를 제대로 알아가자는 것이 그룹 투사 꿈작업이다.

하나의 꿈을, 참여한 사람들의 눈으로 제각기 바라본다. 누군가에게는 이렇게, 다른 누군가에게는 저렇게 보일 것이다. 꿈은 수많은 정보가 농축된 이미지이기 때문이다. 이렇듯 각자의 투사를 통해 꿈을 키워낼 수 있다. 여기에는 나와 무관해 보이는 내용도 있고 미처 생각지도 못한 내용도 있다. 익숙한 의식으로는 상상도 못 한 새로운 가능성이 열린다. 꿈은 저마다 겹겹의 중요한 의미를 담고 있어 다른 이들의 눈을 빌려서 내 꿈을 관찰한다고 생각하면 쉽다.

수많은 정보 중 무엇이 꿈을 이해하는 데 도움이 되는지는 몸이 말해준다. 내가 꿈을 꾸었으니 내 무의식은 이미 알고 있다. 나에게 없는 것이 꿈에 나올 수는 없다. 다른 시야를 통해 드러나는 내용에 무의식 자체인 몸이 반응한다. 이를 '아하!' 체험이라 한다. 갑자기 저도 모르게 깨달음의 감탄이 새어 나오거나 강하게 부인한다. 강한 부정은 긍정이다. 몸이 짜릿하거나 답답해지거나 진동이 일어나기도 한다.

꿈은 여러 층위가 겹겹이 쌓인 표현인 만큼 모호하게 느껴지는데, 다양한 시선이 개입되면서 꿈의 다층적인 면이 드러나고 결과적으로 풍성해진다. 참여하는 모든 사람이 '자신의 꿈'으로 연상하므로 결국 투사작업은 상상력 놀이에 가깝다. 꿈이라는 상징으로 농축된 드라마를 각자의 느낌으로 감상하고 그 느낌을 나누는 동안 깊어지고 넓어진다. 원형극장에서 한 편의 연극이나 오페라를 보듯이 나에게는 함께 꿈을 나눈다는 게 고대의 의례와 같다.

꿈작업
—

꿈은 무의식의 자발적 표현이다. 무의식의 주요 기능은 연결하고 이어주고 온전하게 하는 것이다. 우리가 받아들인 모든 정보와 경험은 무의식에 축적된다. 칼 융은 무의식이 쓸모없는 쓰레기 더미가 아니라 억압되고 부인된 내용이자 숨겨진 보물이 있는 자리라고 이해했다. 아울러 무의식은 의도와 방향성을 지니고 있다고 말했다.

상징은 영혼을 치유하고 회복하고 온전하게 하는 힘이 있다. 이것이 인간 정신이 작동하는 방식이다. 꿈은 상징으로 드러나기에 꿈을 존중하고 친해지는 것만으로도 놀라운 일이 일어난다.

꿈작업은 무의식의 기능이나 에너지를 의식적 노력으로 한층 강화하는 것이다. 무의식의 활동에 적극 참여한다. 혹은 무의식에 마중물을 넣는 것과 같다. 고대의 표현을 빌리면, 매일 도착하는 무의식의 편지를 열지도 않고 버리는 습관을 바꿔 적극적으로 편지를 읽어 그 메시지를 받고자 하는 행위다.

꿈의 메시지는 편향성을 극복하여 균형을 회복하게 하고, 의식의 한계를 넘어서게 이끌어주고, 더 건강하고 온전해지는 방향으로 인도한다. 은유적으로 꿈은 삶의 여정에서 그때 그 순간 나에게 가장 필요한 징검다리라 할 수 있다. 매일 밤 새로운 징검다리가 놓이니 이 다리를 따라가다 보면 궁극적으로 지향하는 영혼과의 만남, 자아실현, 참나의 발견으로 이어진다. 이게 무의식의 방향성이다. 피로하고 무료한 현대인이 진심으로 갈망하는 충만, 기쁨, 경이로움, 행복의 열쇠는 결코 멀리 있지 않다.

각 개인의 무의식을 여는 열쇠에서 시작해보자. 눈을 내 안으로 돌려 내 영혼의 소리에 귀를 기울이자. 내면의 심층에서 내미는 열쇠가 바로 꿈이다. 이 세계를 먼저 탐색한 사람들이 들려준 증언이다. 정말 그러한지는 내 경험으로만 확인할 수 있다.

아침에 일어났을 때 꿈은 황당하고 의미 없어 보인다. 이때 꿈의 초대를 받아들일 것인가, 개꿈이라고 치부해버릴 것인가. 그 선택에 따라 나와 세상을 전혀 다른 눈으로 보고, 전혀 다른 삶으로 인도될 수 있다.

그룹 투사 꿈작업을 위한 준비
—

먼저 참여를 위한 선행 과제가 있다. 각자 꿈을 기억해서 기록하는 것이다.(84쪽 참고) 그리고 그룹을 만든다. 그룹은 어떻게, 어느 정도 규모로 만들어야 할까?

1. 소그룹은 5~7명이 적당하다. 10명까지도 괜찮고, 리더가 있는 경우엔 그보다 큰 규모도 가능하다. 정기적으로 만나려면 어느 정도 간격으로 내 꿈을 다룰 수 있는지를 고려해본다. 내 경험상 처음 꿈작업할 때는 5~7명이 무난하다.

2. 구성원은 꿈에 관심 있는 사람들이면 된다. 친구 그룹, 가족 그룹, 직장 동료도 가능하다. 그룹이라 할 수는 없지만 부부나 함께 사는 파트너가 서로 꿈을 나누면 친밀감이 놀라울 정도로 깊어지고 서로에 대한 이해가 넓어진다. 그런데 특별히 위계

가 중시되는 집단이면 함께 그룹작업은 추천하지 않는다. 군대처럼 상명하달이 필요한 경우 과도한 친밀감과 수평적 동질감이 오히려 방해가 될 수 있다. 자기 보호를 위해서도 피하는 게 좋다. 이런 직업군이면 외부의 사람들과 그룹을 만들어본다.

3. 전문가가 필요하지는 않다. 이 작업은 누구나 투사가 가능하기에 전문가 없이 할 수 있는 방식이다. 리더는 필요할 수 있다. 시간을 체크하고 그룹의 전체 상황을 정돈하는 일인 만큼 돌아가면서 리더를 해도 좋다. 처음 시작할 때 엄두가 안 난다면 그룹작업에 경험이 있는 누군가의 도움을 받으면 편할 수 있지만 필요조건은 아니다. (단, 치료가 목적이거나 특수 그룹, 즉 트라우마 희생자, 정신질환자, 폭력의 피해자 등을 위한 작업은 훈련받은 전문인이 필요하다.)

기억하고 기록하고 그룹을 만들었다면 이제 꿈작업을 실행하기에 반드시 필요한 꿈에 관한 지식과 지켜야 할 규칙을 알아보자. 제레미 테일러 박사가 50년간 작업을 하면서 정리한 내용이다. 이를 연장통toolkit이라 이름 붙였는데 연장을 각자의 손에 쥐어주니 꿈 친구가 되고 꿈 친구들을 만드는 데 잘 활용하라는 의미다. 그룹 투사 꿈작업도 이 연장통도 테일러 박사가 세상에 준 선물이다.

1. 꿈은 보편적인 언어로 꾸며 언제나 꿈꾼 사람의 건강과 자기실현을 도와준다. 꿈을 꾼 사람만이 꿈의 참뜻을 알 수 있다.

2. 작업 도중에 '그래. 바로 이 뜻이었구나'라는 확신을 '아하!' 체험이라 한다. 꿈작업을 하는 동안, 몸에서 저절로 표현되는 '아하!' 라는 탄성만이 유일하게 '무슨 뜻인지' 판단하고 확인할 수 있는 시금석이다.

3. 한 가지 뜻만 있는 꿈은 없다. 꿈은 언제나 헤아릴 수 없이 다양한 층위의 의미들을 지니고 있기 때문이다.

4. 꿈은 이미 알고 있는 사실을 또다시 말하지 않는다. 언제나 모르는 무엇에 관한 것이 꿈이다. 꿈은 의식하지 못하는 부분에 대한 이해와 통찰을 얻도록 도와준다.

5. 다른 사람의 꿈을 언급할 때는 반드시 "만일 내가 이 꿈을 꾸었다면……", "내가 상상해보는 이 꿈은……", "나의 버전으로 이 꿈을 연상해볼 때……", "내가 상대의 입장이 되어본다면……" 같은 표현으로 시작한다. 꿈작업은 일인칭으로 표현하는 것을 전제로 한다.

6. 꿈작업에 들어가기 전에 참가자들은 익명성을 보장한다는 데 동의해야 한다. 그리고 꿈꾼 사람이 익명성 이상으로 꿈과 꿈작업 내용에 대해 절대 비밀보장을 요구할 때는 참석자 모두가 이에 동의하고 약속을 지켜야 한다.

-제레미 테일러 박사가 작성하고 고혜경이 번역 정리함.

미리 알아야 할 꿈 지식과 지켜야 할 사항

—

1. 꿈은 보편적인 언어로 꾸며 꿈꾼 사람의 건강과 자기실현, 참나의 발견, 온전성의 획득을 도와준다. 이 내용이 꿈에 대해 알아야 할 가장 중요한 핵심이다. 따라서 이를 염두에 두고 오랜 기간 자신의 꿈을 통해 확인하기를 바란다. 그래야만 나의 지식이 된다.

흔히 좋은 꿈, 나쁜 꿈이라는 말을 한다. 이는 꿈을 몰라서 하는 표현이다. 좋은 꿈, 나쁜 꿈은 자아에 적용되는 표현이고, 꿈은 내 성장과 발전을 도와주려고 꾸기 때문에 언제나 감사할 따름이다. 흔히들 악몽을 나쁜 꿈이라 간주한다. 악몽은 시급한 메시지가 있다는 뜻이다. 무의식은 급박하게 경각심을 촉구할 때 악몽의 형태를 취한다. 긴 진화사를 볼 때 위험에 대해 경각심을 갖는 것은 생존에 필수조건이었다. 악몽은 '여기 시급한 메시지가 있어. 주목해!'라고 강조하는 방식이다. 무시하면 치명적이고 본성에 어긋나니 정신 바짝 차리라는 무의식이 보내는 충격파 같은 것이다. 악몽은 나쁜 꿈이 아니라 시급하게 중요한 꿈인 만큼 특별히 더 주목해야 하는 꿈이다.

2. 꿈이 무슨 의미인지는 꿈꾼 사람만이 확인할 수 있다. 그룹 투사 꿈작업에서 이는 대단히 중요한 장치다. 전문가가 필요 없는 꿈작업 방식이다. 또 다양한 사람의 투사를 초대하는 방식

이다. 누군가가 "나는 이렇게 생각한다" 하고 권위를 갖고 설득력 있게 투사한다고 해서 그게 나한테 중요한 의미가 되거나 그 말을 받아들이려 노력할 필요가 없다. 판단 기준은 언제나 '나'여야 한다. 그룹 투사 꿈작업은 소수의 전문가만 꿈을 다루던 시대에서 벗어나 꿈을 꾼 사람이 꿈의 주인이 되는 '꿈의 민주화'를 지향한 기법이다. 따라서 내 꿈에 대한 판단을 타인에게 넘겨서는 안 된다.

그래서 "누가 이런 꿈을 꾸었다는데……" 아니면 "내 아이 꿈인데……"처럼 꿈을 꾼 당사자가 없는 꿈작업은 무의미하다. 자녀나 가족의 꿈으로 내 작업을 할 수는 없다. 그러나 이 작업은 타인의 꿈을 나의 꿈이라고 상상하고 투사하기에 다른 사람의 꿈을 통해 나 자신이 '아하' 체험을 할 수 있다. 그래서 그룹에서 내 꿈으로 작업하든, 다른 사람의 꿈으로 작업하든, 언제나 나에 대한 탐색이 가능하다.

3. 꿈은 언제나 수많은 층위의 의미가 들어 있다. "이 꿈은 이런 뜻이야"라는 식으로 한 가지 뜻만 있는 꿈은 없다. 꿈에 겹겹의 층위가 있어서 한 꿈을 여러 시선으로 들여다보는 이 방식이 꿈의 다층적 속성과도 잘 맞는다.

대표적인 층위를 하나씩 나열해보면, 어린 시절의 성장 과정, 특히 부모와의 관계, 성 에너지, 자기실현의 욕구, 이기고 지고 혹은 우월하고 열등한 계층의식과 힘에 대한 욕구, 신체 건강, 조상과 연관된 이슈, 미래에 대한 예측, 관계의 패턴, 감정과의 친밀도, 꿈꾸기 하루 이틀 전후의 상황, 발굴되지 않은 재능 등이 있고, 이 리스트는 무한하다. 아마도 꿈이 수수께끼 같은 이유는 한 가지 그림이 아니라 수많은 그림이 압축되어 있어서 일 것이다.

4. 꿈은 언제나 내가 모르는 뭔가에 대한 이야기다. 또한 무의식적으로 알고 싶어 하는 모든 것을 표현한다. 내가 누구인지, 내가 요구하는 것이 무엇인지 등 나에 대한 많은 것을 담고 있다. 참나를 발견하는 길인 만큼 쉽게 그 뜻을 찾을 수 있다고 생각하지 말자.

5. 타인의 꿈에 관해 말할 때는 언제나 일인칭을 사용하고 내가 꾼 꿈이라고 상상해본다. 타인의 꿈을 내 꿈으로 가져와 고백 작업을 한다. 그룹 투사 꿈작업은 우리가 선택권 없이 늘하는 투사를 가장 적극적으로 활용하는 방법이라고 했다. 꿈작업을 하든 안하든 결국 내 입에서 나가는 말은 전부 나의 이야기다. 우리는 대개 이인칭 대화에 익숙하다. 거울을 보면서 유리라 착각하기에 '그건 그렇고', '당신은 어떻고'가 가능한 것이다. 이인칭 언어 습관의 이면에는 내가 하는 말은 객관적이라는 착각이 들어 있다. 엄청난 오해다.

상대의 꿈을 내 꿈으로 상상하는 것 자체가 자비심 수행이다. 진짜 상대의 입장이 되어보고 그 마음을 느껴보고, 그 혼란을 경험해보는 것이다. 테일러 박사는 정말 이해하기 어려운 사람을 만날 때 이 사람도 나처럼 흥미로운 꿈을 꾸는 사람이라는 사실을 기억하려고 애쓴다고 한다. 이렇게 하다 보면 이해하기 힘든 인간의 행동 패턴을 이해하는 데 도움이 된다.

6. 익명으로 꿈 이야기를 한다. 그룹이 함께 모여 나의 깊은 무의식을 드러낼 때는 그 자리의 안전이 보장되어야 한다. 이는 참석자의 권리이자 동시에 함께 꿈을 나누는 사람들을 위해 지켜야 할 의무다. 그룹 밖에서 꿈에 관해 이야기하거나 꿈 투사의 내용을 말할 수 있지만 당사자가 누구인지 알 수 있는 실마리를 줘서는 안 된다.

그룹 투사 꿈작업을 하는 방법

—

1. 둥글게 원을 만들어 바닥이나 의자에 앉아 시작한다. 간단한 명상이나 호흡으로 에너지가 원 안으로 수렴되도록 한다. 각자가 적어온 꿈 제목을 서로 나눈다.

2. 꿈작업을 할 사람을 결정한다. 원하는 사람 순으로 하면 된다. 단, 그룹의 모든 참석자가 한 번씩 자기 꿈으로 작업을 하고 난 다음, 누군가의 두 번째 꿈으로 작업을 한다.

3. 꿈이 결정되면 꿈을 나눌 사람이 자신의 꿈 이야기를 들려준다. 이때 현재형으로 말한다.

4. 꿈 이야기를 마치면, 그룹에 있는 사람 수만큼 꿈의 다양한 이야기가 만들어진 것이다. 각자 자신의 머릿속에 그려진 꿈을 다루기 때문이다. 이제 투사의 시간이다. 이때 내 꿈으로 만드는 데 도움이 되는 질문이 있을 수 있다. 질문은 이인칭으로 한다. 예를 들어, 꿈에 개가 나왔다면 개가 어떤 종류였나요? 색깔은? 질문의 목적은 각자의 머릿속에 있는 자기 꿈을 선명하게 하기 위한 것이다. 허용되지 않는 질문도 있다. 예를 들어, "이런 문제가 있지요?" 하고 묻는 것은 질문이 아니라 의견이다. 의견 개진은 투사로 바꾸어야 한다. "내가 꾼 꿈이라면 나는 이런 문제가 있어요." 너무 많은 질문으로 시간이 길어지면 꿈작업이 아니라 상담으로 변질될 수 있으므로 주의한다. 덧붙여서 참가자는 어떤 질문이든 가능하지만 꿈꾼 사람이 꼭 답해야 하는 것은 아니다.

5. 소그룹에서 하나의 꿈을 다루는 시간은 대략 50분 정도가 적절하다. 각 꿈마다 공정성을 기하기 위해 비슷한 시간을 안배하는 것을 원칙으로 하는데, 그럴 때 시계보다 더 정확한 판단 기준이 있다. 투사가 충분히 풍요롭게 이루어졌는지? 꿈작업 시작할 때보다 그룹 전체가 꿈에 대한 의식이 증가했는지? 이를 고려하여 시간을 조금씩 조절한다.

6. 마무리를 짓는다. 꿈은 무의식의 표현이라 끝없이 계속 작업을 이어갈 수 있으나 여건상 종결이 필요하므로 두 가지 질

문을 던지며 마무리한다. 먼저 그룹 전체에게 지금까지 나오지 않은 전혀 다른 관점이 있으면 이야기할 기회를 준다. 마지막으로, 꿈작업 마지막 말은 언제나 꿈꾼 사람이 하는 것이 원칙이다. 이때 처음 꿈을 나누었을 때와 작업을 하고 난 후 꿈에 대해 알게 된 내용을 공유해도 좋고, 심정을 나누어도 좋다. 내향성이 강한 사람들은 대체로 집에 가서 잘 생각해보겠다고 답하는데 그것도 좋다.

이 작업에는 무한한 상상력이 필요하다. 유일한 법칙이라면 '꿈꾼 사람 마음대로'이다. 모든 준비가 끝났다. 각자 연장을 들고 꿈의 세계로 탐색을 시작해보자.

꿈이 나에게 건네는 말

초판 1쇄 발행 2019년 6월 14일 **초판 2쇄 발행** 2022년 7월 13일

지은이 고혜경
펴낸이 이승현

편집1 본부장 한수미
와이즈 팀장 장보라
디자인 어나더페이퍼

펴낸곳 ㈜위즈덤하우스 **출판등록** 2000년 5월 23일 제13-1071호
주소 서울특별시 마포구 양화로 19 합정오피스빌딩 17층
전화 02) 2179-5600 **홈페이지** www.wisdomhouse.co.kr

ⓒ 고혜경, 2019

ISBN 979-11-90182-19-5 (93180)